図説 神聖ローマ帝国の宝冠

［図説］

神聖ローマ帝国の宝冠

渡辺　鴻

八坂書房

七　帝国冠の図像　80
八　帝国冠の神学　92
九　〈孤児〉の物語　97
十　帝国標章の現状　104
聖槍（104）　帝国十字架（105）　帝国地球儀（106）　帝国剣（108）　帝国笏（108）　戴冠マント（109）
第二章　ボヘミア王国冠（聖ヴェンツェル冠）
（付）アーヘン・シャルルマーニュ聖遺物匣冠……111
一　聖ヴェンツェル冠　112
二　聖ヴェンツェル冠の現状　116
三　ボヘミア戴冠標章　123
四　カール四世の戴冠　126
五　シャルルマーニュ崇拝と、アーヘン・シャルルマーニュ聖遺物匣冠　133
六　金印勅書の戴冠典礼規定　140
第三章　ハンガリー王国冠（聖ステファン冠）……149
一　伝承と歴史　150
二　現状　158
三　ラテン冠　161

四　ギリシャ冠　169
五　歴史的背景　180
六　ハンガリー戴冠標章　183

第四章　フリードリッヒ二世冠……189
一　帝妃コンスタンツァ冠　190
二　フリードリッヒ二世　199

第五章　ミュンヘン王宮の諸冠……205
一　三つの中世冠　206
　聖クニグンデ冠（206）　聖ハインリッヒ二世頭像聖遺物匣冠（207）　聖クニグンデ百合花冠（210）
二　聖ハインリッヒ二世、帝妃聖クニグンデ　212
三　ファルツ選挙侯妃ブランチ冠　215

第六章　ロンバルディア鉄冠（イタリア王国冠）……219
一　モンツァ鉄冠　220
二　現状　222
三　成立年代　226

四　伝承と歴史　235
五　聖遺物としての鉄冠　246
六　王妃テオドリンダ　251

第七章　オーストリア皇帝冠（ルドルフ皇帝冠）……259
一　ルドルフ皇帝冠　260
二　ルドルフ二世の神秘主義と狂気　266
三　オーストリア皇帝冠　271
四　最終末　276

（付）近世以降の宝冠……279

あとがき　283
参考文献　i

［1］神聖ローマ帝国冠　ウィーン、王宮財宝室

[2]

[3]

［4］神聖ローマ帝国冠　右側面

右頁
同上 宝石板（［2］正面板／［3］背面板）

[5]

[6]

［8］

神聖ローマ帝国冠　図像板

［5］主の栄光板
［6］ダヴィデ板
［7］ソロモン板
［8］イザヤ—ヒゼキヤ板

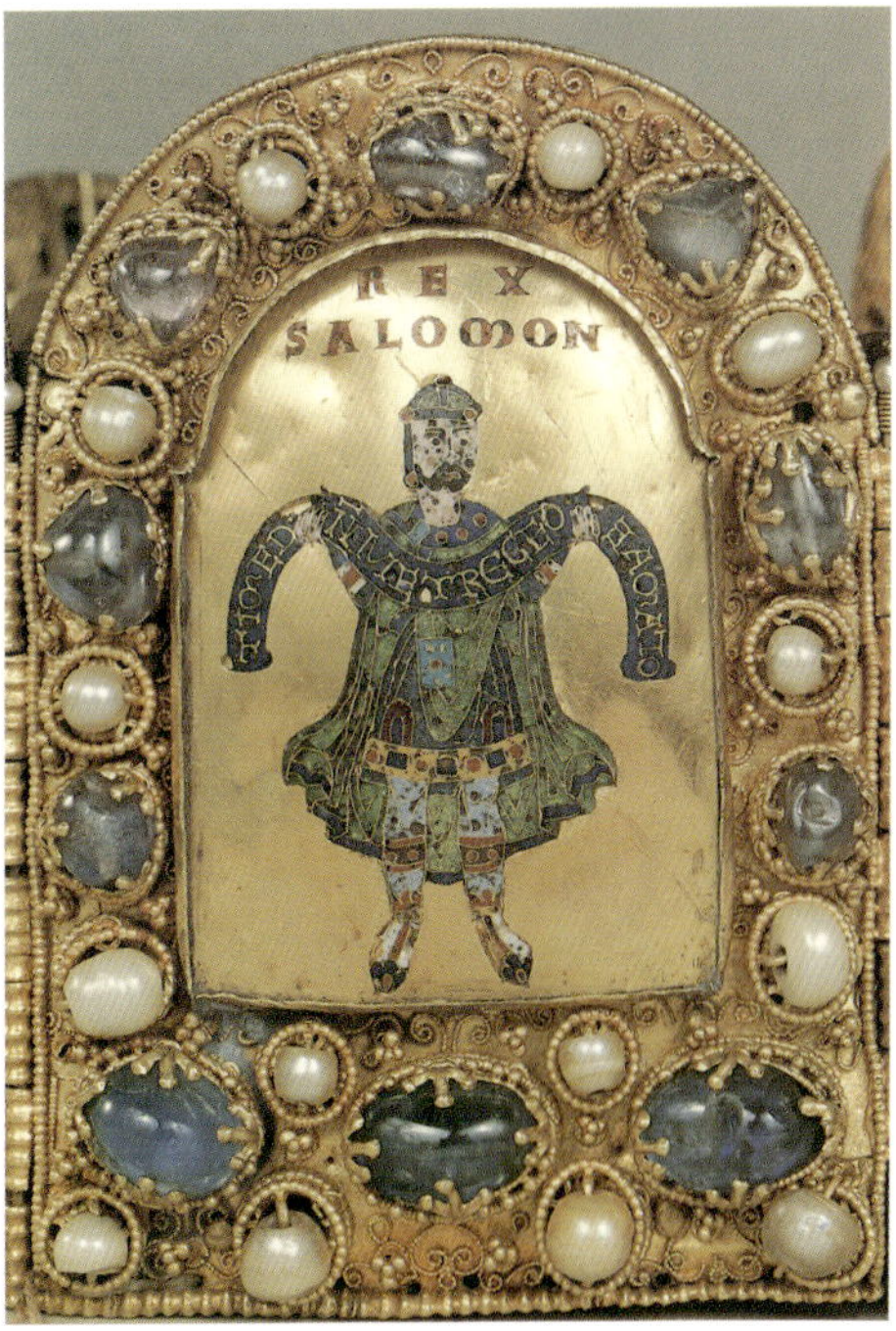

［7］

［9］ヨーゼフ2世の戴冠　18世紀の絵画（部分）　ウィーン、王宮財宝室

［10］聖母子像　ローマ、サンタ・マリア・イン・トラステヴェーレ聖堂

［11］カール大帝像　A.デューラー画、1513年頃、ゲルマン国立博物館

［12］帝国十字架　ウィーン、王宮財宝室

[13]

[14]

［15］

［16］

帝国標章

［13］戴冠マント／［14］帝国剣
［15］帝国地球儀／［16］帝国槍

ウィーン、王宮財宝室

〔17〕属州の擬人像4人をしたがえ玉座につくオットー2世
『グレゴリウス教皇書簡集』、983年頃、シャンティイ、コンデ美術館

［18］天より冠を授けられるオットー3世
『リウタールの福音書』、990年頃、アーヘン大聖堂

ボヘミア戴冠標章

［19］ルドルフ地球儀／［20］ルドルフ王笏
［21］聖ヴェンツェル冠（ボヘミア王国冠）

プラハ大聖堂

［22］シャルル5世の祝宴（左から2人目にカール4世）
『フランス大年代記』、1380年、パリ、国立図書館

右頁
［23］シャルルマーニュ胸像聖遺物匣／［24］同、聖遺物匣冠　アーヘン大聖堂

聖ステファン冠（ハンガリー王国冠）とその細部

［25］聖ステファン冠　正面（右頁）

［26］冠帯正面の図像板

（大天使ミカエル／パントクラトール／大天使ガブリエル）

［27］冠帯背面の図像板

（帝嗣コンスタンティノス／ビザンツ皇帝ミカエル・デュカス／ハンガリー王ゲザ1世）

ブダペスト、国会議事堂

［28］聖ステファン冠　冠頂の図像板（パントクラトール）と十字架

ハンガリー戴冠標章

[29] ハンガリー王笏

[30] ハンガリー地球儀

ブダペスト、国会議事堂

［31］皇帝ヨハネス２世コムネーノスと帝妃エイレネー＝ピロスカ
イスタンブール、ハギア・ソフィア大聖堂、南階上廊モザイック

左頁
［32］帝妃コンスタンツァ冠（フリードリッヒ２世冠）　パレルモ大聖堂

［33］

［34］

［33］聖クニグンデ冠
［34］聖クニグンデ百合花冠
［35］聖ハインリッヒ2世頭像聖遺物匣冠
［36］選挙侯妃ブランチ冠

ミュンヘン、王宮博物館

[35]

[36]

［37］玉座のハインリッヒ２世
『ハインリッヒ２世の典礼用福音書』、1002-14年、バイエルン国立図書館

[38] ストックホルム冠（聖エリーザベト聖遺物匣冠）
スウェーデン国立博物館

［39］ロンバルディア鉄冠／［40］王妃テオドリンダ冠
モンツァ大聖堂

［41］オーストリア皇帝冠
ウィーン、王宮財宝室

オーストリア帝国戴冠標章

［42］オーストリア帝国笏

［43］オーストリア帝国地球儀

ウィーン、王宮財宝室

［44］オーストリア皇帝フランツ1世
F. v. アーメルリング画、1832年
ウィーン、王宮財宝室

近世以降の宝冠

［45］大英帝国冠
ロンドン塔宝物館

［46］ルイ15世冠
ルーヴル美術館

序章

一　神聖ローマ帝国冠と関連の諸冠

ウィーン王宮《ホーフブルク》の世俗財宝室に安置されている神聖ローマ帝国の帝国冠 Reichskrone は、その栄光と威信をたもちながら現在にまでつたえられたヨーロッパ最古の至高の宝冠である。

それは宝石をちりばめた黄金の十字架を正面にかかげ、同じように宝石をちりばめた四枚のアーチ形の黄金板とエマイユの図像のある四枚の黄金板を交互につらねた八角体《オクトゴン》で、さらにその上に真珠でかざられたブリッジをつけた、まことに中世のキリスト教的皇帝権を象徴する威容をしめしている。

これは十世紀、オットー一世の即位によって成立し、のちに神聖ローマ帝国とよばれることになる中世のキリスト教的ローマ帝国の、すなわち中世から近世までヨーロッパの中央部にあってヨーロッパ的規模での八〇〇年の歴史をもつ聖なる帝国の、皇帝の戴冠式の宝冠であり、この帝国の象徴であり記念碑である。


これは、これを戴く皇帝の権力が神によるもので、皇帝は神の地上におけるみわざを代行し実現する存在であることをしめすものであった。正面むかって左側のエマイユのキリストは全能者《パントクラトール》として王座にあって左右に智天使《ケルビム》をしたがえ、その頭上には Per Me Reges Regnant（われによりて王たちは支配す）という旧約

神聖ローマ帝国冠　ウィーン、王宮財宝室

聖書ソロモンの箴言（八：一五）を記し、これは中世一〇〇〇年の皇帝権の神権性をしめすものであった。

中世のキリスト教的ローマ帝国においては、古代ローマ皇帝の称号であるインペラトール（皇帝）はそのまま軍事的主権者であったが、もう一つの称号であるアウグストゥス（尊厳者）すなわち政治的主権者は宗教的主権者（教会の守護者）の意味になった。

帝国冠は、さらに帝国笏、帝国地球儀、帝国剣とともに戴冠標章 insigne, regalia をなして、これらは正統な王権、皇帝権とその神権性の象徴であるとともに、とくに戴冠式では欠かすことのできない用具であり装飾であった。

これらの標章は、そのなかに聖遺物をとりいれることによってその神権性を直接にあらわし、さらに標章はみずからが歴史の中で聖遺物となり、世俗における聖遺物となった。

この帝国の皇帝となるには、この標章を獲得しなければならなかった。

皇帝の地位は、その個性、血統、王朝によってではなく、この聖なる標章によって保証されたのであり、支配者はこれを失うと、支配権を失うものとされた。

この帝国冠にはまた、これを頂点として、これをめぐってさらに数個の宝冠が関連する。それは神聖ローマ帝国に所属し、あるいはこれと直接密接にかかわった王国、君主国の宝冠で、帝国冠につぐ威容と神権性をあらわし、ときには帝国冠とおなじ光輝《アウラ》をもつもので、帝国への参加を意識しながらもみずからの自主と独立をつよく主張し、たがいにつよく関連しあい、歴史のなかにつらなっているのである。

それはここでとりあげる聖ヴェンツェル・ボヘミア王国冠（プラハ）、聖ステファン・ハンガリー王国冠（ブダペスト）、フリードリッヒ二世（帝妃コンスタンツァ）冠（パレルモ）、ミュンヘン王宮の諸冠、ロンバルディア鉄冠（モンツァ）、さらにこのウィーン財宝室のもう一つの中心となるオーストリア皇帝冠（ルドルフ冠）である。

これらの宝冠は戴冠という支配者叙任の用具として、中世後期近世初期以来、独自の統一体をなしアンサンブルをなすものとみなされてきた。

帝国冠とそれにつらなる諸冠は、このように宝冠の詞華集《アンソロジー》をなすとともに、帝国冠を主極星として神聖ローマ帝国という八〇〇年の歴史空間に星座をかたちづくり、ヨーロッパの中央部の歴史的都市に分布し、歴史のなかに光輝をはなち永遠化しているのである。

これらの宝冠の主なものは、神聖ローマ帝国の皇帝位の最後の世襲者となったオーストリア朝 Domus Austriae, Casa de Austria との、すなわちハプスブルク朝とのかかわりによって、現在につたわったのであった。

ハプスブルク家は十三世紀、皇帝空位時代の後にルドルフ一世がはじめて皇帝位を獲得すると、十五世紀中期にアルブレヒト二世、フリードリッヒ三世がつづけて皇帝となり、以後十九世紀初頭の帝国終焉まで、一時をのぞいて、一貫して皇帝位を世襲することになった。

フリードリッヒ三世の戦争回避政策と結婚政策による皇帝位の自家による独占の執念は、十五世紀後半から十六世紀にかけて、しばしばいわれるように歴史の奇跡として実現し、カール五世の帝国は文字通り日没することのない最初の世界帝国となった。

中世の帝国は、当然のことながら、近世においては意味が変化しまったくの虚名となり、帝国という制度はハプスブルクの世襲化によって私家帝国化し、また聖性は法王権の低落によって権威を失いながらバロックの時代を生き、十九世紀初頭、近代の実現者であるナポレオンの偉業の前に、みずから終焉を宣することになる（一八〇六年）。

近世のオーストリア朝は、虚名と化しながらも存続する帝国の皇帝位の世襲者として、帝国の名称と制度を維持することができた。ここにとりあげる数々の宝冠は、この事実の上に過去の栄光と威信を維持し、現在につたわったものである。

世に歴史的宝冠とよばれるものは数多く、それは数十におよぶという。しかしそれらはしばしば、破壊され、鎔解され、改造され、宏大な歴史の中で失われてしまった。

この帝国と併存し、この帝国の成立以来八〇〇年以上におよぶ歴史をつうじて一貫してこの帝国と宿業的に対立し、しばしばこの帝国を圧倒したヨーロッパの二つの大国のうち、イングランドでは中世伝来の聖エドワード王冠をはじめ歴史的王冠がすべて十七世紀の清教徒《ピューリタン》革命で鎔解され、フランスでは中世伝来の王冠は王室修道院サン・ドニですべて十八世紀のフランス革命によって失われてしまった。

このようにして中世初期にさかのぼる歴史的宝冠は、この中世以来の神聖ローマ帝国とのかかわりをもち、さらにオーストリア朝とのかかわりをもつものが、その一貫した保守的な退嬰姑息な政策によって、現存することができたのである。

P・E・シュラムは、中世の標章に関する現在の研究の原点となった全三巻の大規模な編著書『支配権標章と国家象徴』（一九五四—五六年）で、古代末期から中世末期までの全ヨーロッパの歴史的標章を通観して、その序文でとくにこれらの標章が現在にまでつたわった歴史的事情についてのべている。

冠、笏、地球儀、王剣、玉座、さらに支配者マント、支配者衣装は、さいわいなことに、少なからぬ数のものが現存している。大切にされ関心をもたれながらも別の理由で消滅してしまったものがある一方で、これらは、火災、革命、戦争をくぐりぬけて現存しているのである。これらのなかで、十五世紀以前に成立したものは、全ヨーロッパで均等に残存しているわけではない。イングランド、フランス、スペインは、それぞれただ個々の〈標章〉があるばかりである。ハンガリーでは幸運にも、王冠、王笏、マントは、中世から第一次大戦まで、国王の戴冠式において使用されてきた。ドイツでは状況はもっとも良好であるが、これは多くの王朝が交代しこれらの標章財宝がくりかえし各地を流転したことを考えると、まさに不思議である。しかし正統な標章を所有するということが新しい王朝の正統性の最高の証明になることを考えれば、これがドイツにおいて数多く残存するのもうなずける。いまドイツ各地に保管されている全体をみると、それは他のヨーロッパの国々の全部をあわせたより以上の数になるのである。(1)

これらの宝冠には、これらが象徴として内示《コンノート》する聖性、神権性とともに、またこれらが記念碑として外示《デノート》するその背後の支配者、皇帝、国王、君主がいた。それらは時によって、賢明であり暗愚であり、偉大であり卑小であり、悲壮であり滑稽でありまた奇怪であった。

この歴史空間にあらわれる皇帝、国王、君主は、いずれもきわだった個性をしめし、個人としては優秀な資質をみせながらも、しばしば異常とおもわれる暴挙と無為をしめした。それはそれぞれの出自のちがい、それぞれの自負心野心驕慢心によるものだが、それはすべてこの帝国という制度と皇帝という地位の歴史的宿業的不条理によるものでもある。これらの人格はしばしばその有為と無為により伝説化し神話化した。

これらの宝冠は、ヨーロッパの宏大な歴史の上にそびえる冠である以上、比定であれ付会であれ、その君主と事蹟は歴史の上に光輝をはなち、栄光であれ悲惨であれ、ヨーロッパの歴史の転換点をしめすものであった。

これらの宝冠にはまた、その背後の支配者、君主が拠点とした都市があった。それは皇帝、君主が拠点とする皇帝都市であり、王国主都であり、領邦主都であり、戴冠のおこなわれる戴冠都市であり、宝冠を保管する宝冠都市であった。

都市はまたけっしてつねに同一の姿であるわけではなく、これらの支配者、君主の栄光によって光輝をはなちまた一瞬にしてその光輝を失うというドラマをくりかえし、その後はながい眠りについたまま歴史の聖遺物となり、歴史的都市という芸術作品となるのである。

これらの宝冠は、神聖ローマ帝国という中世ヨーロッパにおける最高の、あるいはそれにつぐ権威と権力の象徴として世の尊敬をうけ、宏大な歴史を生きのびたものではあるが、とくに中世初期に成立した宝冠は、その成立について、またその最初の使われかたについてはすべてまったく不明である。

これらは中世においてはもちろん、近世においても歴史の聖遺物としてあえてそれを詮索せずに、あるいはあえて意図的に、畏敬の対象として崇拝させ崇拝されてきたことによる。これらはいずれも検証されることなく、あくまで伝承のあるいは特定の君主に比定され付会されてきたのである。

近世においてはこれらの宝冠の聖性神秘性についての畏敬がうすれ、それにともなってようやく合理的科学的な特定が可能となった。

しかしながら比定付会はいうまでもなく、実証的考証といっても、その仮説をたてるさいの研究者の立場や主観性やイデオロギーが、さらには根本的に考察の歴史性が極端に偏ったものであることが多かった。

これは、神聖ローマ帝国という政治制度が八〇〇年におよぶ歴史的事実でありながら、最初から名称と現実との間にははなはだしい乖離があり、この矛盾が近世において決定的になったことによる。

これは宝冠の栄光とは裏腹の、まったくの悲惨の原因であった。

これらの宝冠は、帝国の終焉の後も、十九世紀の近代的国民国家間の時代錯誤的な国粋主義《パトリオティズム》、排他主義《ショーヴィニズム》に利用され貶用され、崇敬という名の侮辱と崇拝という名の冒瀆をうけてきた。

帝国という名称は十九世紀後半から、帝国主義の悪名と現実の悪業として世界の嫌悪と糾弾をうけ、これは現在までつづいている。

二十世紀においては、とくに第二次大戦後これらの宝冠の聖性は決定的に冒瀆され、そのいくつかは聖性なき時代の迫害の下に流転した。これは二十世紀の悲惨なミステリー物語となっている。

しかしながら、これらの宝冠はこの冒瀆と流転において、はじめて白日のまえにさらされて、科学的実証的な考察ができるようになった。とくに第二次大戦後、芸術様式と工芸技術の比較研究によって、より精緻な年代特定ができるようになった。

現在の学術的通説 communis opinio はこうした研究成果によるもので、多くの場合、極端に懐疑的な見解に対してむしろ伝承と付会を支持するのにちかい結果になっているとされる。すなわち現存する実物はおおむね伝承にちかい成立年代が確認され、またその成立と転用改造にはその宝冠の世界史的意義が、その瞬間を永遠化する歴史的実存性がしめされるのである。

現在これらの宝冠の戴冠標章としての研究は、個別的研究とともに、政治史、宗教史、考古学、美術工芸史を綜合した一つの独立した研究分野をなしている。

この研究は、第二次大戦後のイコノグラフィー・イコノロジーの研究と連動し、あくまで実証的手法を基礎としながらさらにそれを超えてその背後に内在する無限の象徴的意味内容《レゲンデ》を追跡し、この神秘な歴史的記念碑に内在する神話《ミュートス》へ遡及しようとするものである。

現在、第三千年紀《ミレニウム》の開始にあたって、EUの共和制、大統領制がかたられ、憲法の成立にいたっている。これは過去のヨーロッパの最大の宿業であったドイツとフランスの千年以上におよんだ対立の完全な解消を意味するものである。

二〇〇四年五月一日、EUは東方にむけて大きく拡大した。これは近世初めのカトリック教会世界にほぼ相当するものであり、さらにそれはいま、過去のビザンツの世界を包括しようとしているかにみえる。ヨーロッパはいま、完全な統合をめざしている。おおくの困難にもかかわらず、この歴史の基本路線はかわることはありえまい。

これらの宝冠は、いま、文字どおりヨーロッパの歴史の聖遺物としてまた記念碑として〈歴史のジュエリー〉となり、平静な観照者のまえに悠久の沈黙の言葉をかたりかけているのである。

いまこれらの宝冠をたどるということは、かつてこれらの宝冠が象徴した聖性、神権性への、神話をこえた神学への溯行であり、地上的支配権のはるか彼方に厳存する神への憧憬への、敬虔性への追想である。それは帝国八〇〇年の歴史空間の照明のもとに静かに輝いている、神秘な歴史のジュエリー探訪である。

（1）P. E. Schramm, 1954.

二　神聖ローマ帝国の原点

1　オットー一世（大帝）の皇帝戴冠

神聖ローマ帝国というのは、中世から近世かけての西ヨーロッパにおける、帝国という名がしめすとおりの、国家を超えた普遍的な政治組織で、それはキリスト教的理念に立脚し、法王を頂点とするローマ・カトリック教会の普遍的教権組織に対応するとされるものである。

紀元八〇〇年クリスマス、当時の西ヨーロッパの軍事的統一者であったカルルス・マグヌス（シャルルマーニュ）は、ローマの聖ペトルス大聖堂において、法王レオ三世によって、皇帝として戴冠し、四七六年に滅亡した西ローマ帝国は、中世のキリスト教的西ローマ帝国として再生した。シャルルマーニュの死後、その統一された支配地域はその子孫たちによって分裂し、ヴェルダン条約（八四三年）で東部中部西部に分割され、メルセン条約（八七〇年）でドイツ、フランス、イタリアの形をとることになった。カロリングの弱小な皇帝たちの支配による全ヨーロッパ的な政治的混乱のあとに、この皇帝権は東フランクの軍事的指

オットー1世と帝妃（別に「キリストと教会」とも）
13世紀、マクデブルク大聖堂

導者に引継がれることになる。

十世紀初期、東フランクの部族は、東方からの外敵の侵冦に対する西ヨーロッパの防衛線を確保するために連合し、軍事的指導者を選挙によって選出し、国王として推戴した。

このとき以来、ドイツの部族、フランケン、シュヴァーベン、バイエルン、ザクセン、チューリンゲン、ロートリンゲンはまとめてドイツ王国 Regnum Teutonicorum とよばれるようになり、九二〇年から正式の名称となる。[1]

オットー一世は、父ザクセン大公ハインリッヒ一世についでドイツ国王に選出され、アーヘンで戴冠して（九三六年）、カロリングのフランク帝国の政治的理念を継承した。

かれは、エルベ東方のスラヴ地域の支配と伝道を実現し、西ヨーロッパにとって長年の

オットー一大帝騎馬像（部分）
13世紀、マクデブルク、市庁舎前広場

脅威であった侵寇をくりかえす騎馬民族マジャールをレッヒフェルトに撃破し（九五五年）、かれらをパンノニアの東方に定住させるという決定的な勝利をえた。コルヴァイの修道士ヴィドゥキントは、その『ザクセン史』で、オットー一はこの戦場で、〈国の父で皇帝 pater patriae imperatorque〉とよばれたとする。

この戦闘は、東フランクの部族による、移動する異教徒に対する勝利として、西ヨーロッパの共同体のアイデンティティーを確立するとともに、マジャールをパンノニアの東方に定住させキリスト教に改宗させて、西ヨーロッパの共同体に取りいれたのである。

これはかれが、西ヨーロッパを東方の侵寇から防衛したという意味で西ヨーロッパの覇者の地位を占めたことをしめすもので、かれはその後ローマ法王の要請をうけてローマに進出し、法王によって皇帝として戴冠するのである。

イタリアの政情はオットーにとって有利に展開し、イタリア国王ベレンガリウス二世に捕らえられていた前イタリア国王の寡婦アジェライーダ（アーデルハイト）を解放すると、第二の妃として結婚し、ブルゴーニュの遺領を相続して、イタリアの実権を確保した。ベレンガリウスと法王が抗争となると法王ヨハネス十二世はオットーに援助をもとめ、かれに皇帝戴冠を提供した。

このようにオットーの皇帝戴冠は全ヨーロッパ的次元のものであるべきはずのものが、イタリアのまたローマの政治的謀略的抗争のなかで実現したのである。

九世紀末期以来のローマ法王権の権威の下落は想像を絶するものであった。それはローマ市の貴族相互の永年におよぶ内部抗争によるもので、その不信不徳乱脈は直接に法王権に反映した。法王ヨハネス十二世は、聖職者としての資格をまったくもたない、人格教養ともに最低の人物と伝えられている。オットーはこれらを承知のうえでこの招請に応じ、皇帝として戴冠し、皇帝としての権力を貫いた。その戴冠式の盛儀すらもがきわめて不安定な状況で進行し、皇帝に授冠したヨハネス十二世は、この直後、オットーに反抗して廃位されることになる。

九六二年二月二日、オットーは聖ペトルス大聖堂において皇帝として戴冠した。

オットーはこの不信の法王を信用せず、戴冠式の行われている間、佩剣保持者に身辺を警護し不信の攻撃からまもるように命じた(2)。

皇帝戴冠の十一日後、皇帝は教会に対して特許状を公布し、法王選挙における皇帝の承認権を布告した。ここでは皇帝は法王を支配したのである。

このオットーのローマでの皇帝戴冠は、古代ローマ帝国の皇帝権の、シャルルマーニュによる革新の、さらなる革新 Renovatio Imperii であった。かれは、かれみずからとまた同時代者の意識の上では、あくま

キリストの足下に跪くオットー1世とその家族
象牙板、11世紀、ミラノ、スフォルツァ城

で、カエサル、アウグストゥス、コンスタンティヌスの後継者であり、すくなくとも法的にはけっして中断することのない帝国の元首であった。

これは〈神聖ローマ帝国の原点〉として世界史的意義をもつものであり、この帝国はこの後、ドイツ国王がその皇帝となる伝統を一貫して占有し、八〇〇年以上、一八〇六年まで永続することになる。

ここでは皇帝は〈vicarius Christi　キリストの代理者〉であり、〈Rex et Sacerdos　国王で司祭〉というキリストの二重の職能を兼備し、聖俗ともの最高の地位にあった。皇帝はインペラトールとして最高の軍事的支配者であり、また法王司教の叙任権を確保することによって、教会の保護者として、アウグストゥスであった。皇帝は教会の世俗権力をも支配するものであった。

皇帝は王の王として、その支配権は各国王の上におよび、帝国の支配地域は各王国をふくむものとされるが、しかし、皇帝の権力と支配地域は当初から名目にちかい薄弱なもので、その権力はかならずしも傘下の君主を凌駕できるものではなく、その支配地域はドイツ、イタリアを中心とするヨーロッパの中央部にかぎられていた。

皇帝はイタリアにあればドイツでの権力は稀薄化し、ドイツにおればイタリアでの権威は名目化した。これはこの帝国の一貫した宿業となるものであった。(3)

2 オットー朝

オットー一世（九三六―九七三）とその子息オットー二世（九七三―九八三）、その孫オットー三世（九八三―一〇〇二）とつづく三代をその中核とするザクセン朝は、またオットー朝 die Ottonen ともよばれる。

オットー二世は、父の在世中にアーヘンでドイツ国王として戴冠し（九六一年）、またパヴィアで戴冠し、さらにローマで父との共同皇帝として戴冠したが（九六三年）、父の死の際にはまだ十八歳の若さであった。ドイツでは家系上の対立に、ロートリンゲンではフランス王との対立に、イタリアではビザンツ皇帝との対立に直面した。

かれはその前年、ビザンツ皇帝ロマノス二世の帝女テオファヌゥと結婚した。かれはギリシャ帝女の夫として、南イタリアでサラセンとビザンツと戦ったが敗れ、反撃を前にして熱病で急逝した（九八三年）。

その子息オットー三世はわずか三歳であった。

オットー三世は十五歳になると権力を掌中に収めた。

かれは驚異的神童で、ギリシャ語、ラテン語、イタリア語、ドイツ語を話した。

かれは西方帝国の皇帝の子であると同時に東方帝国の皇帝の親族として、無限の気負いをもち、敬虔というよりはむしろ神秘的傾向があったとされる。

オットー三世は成年に達するとただちにイタリアに進出し、みずからをローマ人とみなしてアヴェンティーノの宮殿に定住し、ローマからドイツとイタリアを統治しようとした。かれはみずからを教会の支配者とみなし、従兄のブルーノーをキリスト教世界における最初のドイツ人法王グレゴリウス五世として法王冠をさずけ、その死後、みずからの教育者であるジュルベール・ドーリヤックを最初のフランス人法王

キリストに祝福される
オットー2世と帝妃テオファヌゥ
象牙板、10世紀、パリ、クリュニー美術館

玉座のオットー3世
『オットー3世の福音書』、1000年頃、ミュンヘン、バイエルン国立図書館
[→口絵17/18]

シルヴェストル二世として聖ペトルスの椅子にすえた。

一〇〇〇年の祝祭に際して、オットー三世は巡礼にでた。かれはアーヘンでシャルルマーニュの墳墓に降りた。かれはうやうやしく床に跪《ひざまず》き、シャルルマーニュを仰ぎみて、缺けていた黄金の鼻先をもとにもどすと、再度墳墓をとじさせたという。

一〇〇〇年のクリスマスにオットーはシルヴェストル二世とローマで会合し、〈宗教協約 Concordat〉の計画をたて、皇帝と法王の神秘的二重君主国をさらに緊密に結合しようとした。

一〇〇二年、皇帝は突然の熱病で死に、その翌年、シルヴェストルも後を追うようにして没した。

オットー一世が帝国の革新によってもとめた帝国と教会との、皇帝と諸侯とのゆたかな権力の均衡は、その孫の華麗な出現で聖なる支配権にたかめられたが、しかしこの使徒的絶対権の理想は、たちまち政治的現実にぶつかった。

最後のザクセン朝皇帝ハインリッヒ二世は帝国を現実路線にひきもどした。(4)

オットー朝のシャルルマーニュとその帝国理念への意識的結合は、カロリング文化の再現が基本であったが、さらにべつのものが加わった。

それはとくにビザンツ帝国との密接な関係であり、オットー二世の東ローマ帝女テオファヌゥとの結婚(九七二年)を頂点として、ゆたかな文化交流がうまれた。

オットー朝時代だけではあるが、ルネッサンスがみられ、カロリングの革新の目的と方法のさらなる革新 Renovatio regni Francorum と深化が、〈中世初期帝国〉の文化として、西ヨーロッパの中世の文化の基礎をつくったのである。

十世紀はドイツの世紀となった。その文化は十世紀の第三・三半期におおくの成果を残し、聖千年紀《ミレニアム》の変わり目に輝かしい色彩の花を咲かせた。(5)

カロリング朝とオットー朝の文化の共通性は、その貴族的宮廷的性格である。高位聖職者が強力に政治の前面にでてきた。オットー皇帝たちはかれらに帝国司教として、帝国諸侯としてのあたらしい政治的機能をあたえた。それは皇帝による教会強権政策によるもので、それは帝国によって支持され帝国を支持する〈帝国教会〉であった。かれらのほとんどは、ゴルツの修道院改革運動とむすびついていた。この改革運動は帝国修道院の貴族的精神にもとづくもので、とくにカロリングの伝統をうけていて、これと同時に併行していたクリュニーの改革運動にみられる峻厳な、法王を頂点とする教会集権主義とは対照的であった。(6)

オットー一世以来のザクセン朝の皇帝、さらにザリエル朝のハインリッヒ三世まで、皇帝は法王に対して優越した地位にあった。皇帝は〈キリストの代理者〉として、キリストの〈国王で司祭〉の職能を兼備し、聖俗ともの最高の地位にあった。これがこの時期の皇帝の職能の神学的理念とされるものであった。皇帝はインペラトールとして最高の軍事的支配者であり、アウグストゥスとして教会の保護者であり、法王、司教の叙任権を確保し、教会の世俗権力をも支配した。

法王権は十一世紀、クリュニーの峻厳な改革運動によって普遍的絶対的な権威と権力を獲得し、皇帝と法王とは十一世紀後半叙任権闘争の死闘となり、法王権は皇帝権を圧倒し、宗教的権威とともに教会の世俗的権力をも把握し、普遍的なキリスト教会の首長として、法王は本来それであるべき正統な〈キリストの代理者〉となり、まさしく〈教皇〉という訳語に相当するものになるのである。

中世における皇帝と法王を頂点とする帝国と教会というこの二つの世界秩序は、その併存する姿は、しばしばいわれるように、フィレンツェのサンタ・マリア・ノヴェッラの集会室の壁画に象徴的にしめされるのである。

3 帝国の名称と実体

この帝国は、ゲルマン伝統の〈選挙による世襲制〉（世襲者は選挙を経てはじめて正式な継承者となる）によるもので、ザクセン朝、ザリエル朝、シュタウフェン朝と継承され、十三世紀後期の皇帝空位時代 Interregnum（一二五六―七三）となる。

オットー一世はこの帝国の設立者として〈尊厳なる皇帝 imperator augustus〉を称し、フリードリッヒ一世・バルバロッサはこの帝国最大の栄光をしめして〈神聖帝国 sacrum imperium〉と称し、またこの皇帝空位時代に帝国の権威がまったく低下したなかにあって〈神聖ローマ帝国 Sacrum Romanorum Imperium〉の名称が成立した。

この後、皇帝位は、ハプスブルク、ヴィッテルスバッハ、ルクセンブルクと各王家の間を〈跳び跳び〉にはげしくうつりかわった。

ルクセンブルクのカール四世は金印勅書を公布し、それによって選挙侯による選挙制度が確立して、帝国にはその後四五〇年の安定がもたらされた。

この帝国はさらに十五世紀中期以降、一貫してハプスブルクに世襲されることになる。すでに名目化していた帝国は、ハプスブルクの〈世襲帝国〉となりハプスブルクの私家帝国となったのである。

この間に、帝国の名称は縮小されて〈ドイツ国民の神聖ローマ帝国 Heiliges Römische Reich Deutscher Nation〉となった。これは皇帝の支配権がドイツ地域におよび、またここにだけに限定されることをしめすものであった。

これ以降も、皇帝権はさらに低下し、十七世紀には「いかんとも定義しがたい化けもののようなもの irregulare aliquid corpus et monstro simile」（S・プーフェンドルフ）になっていた。

そしてこの帝国は、ナポレオン時代の混乱の中で形式的にも没落し、ハプスブルクのフランツ二世は、ついにこのローマ皇帝の地位を放棄するのである。[7]

（1）F. Heer, 1967.　（2）F. Gregorovius, 1859-72.　（3）A. Maurois, 1965.　（4）Ibid.　（5）E. Grassi, 1947.
（6）V. Elbern, 1968.　（7）E. Kubin, 1991.

第一章

帝国冠

一　帝国標章の成立と帝国冠の出現

帝国冠はヨーロッパの中世一〇〇〇年の歴史のもっとも重要なモニュメントである。宝石をちりばめた十字架と、宝石と真珠とエマイユの図像をもつアーチ型の八枚の黄金板による八角体の冠体と、八つの小弧のある垂直ブリッジによる威容はほかには例がなく、またその象徴言語はみる人を圧倒せずにはおかない。

これは神聖ローマ帝国の皇帝の支配権を象徴する戴冠標章としてつたえられた宝冠で、これを戴く皇帝、国王は八〇〇年以上にわたって、この帝国の偉大さの上に、さらにヨーロッパのすべての君主にぬきでるとされたのである。

帝国冠は、しかしこの独自な威容と政治的意義にもかかわらず、その成立と由来はまったく不明である。その成立が想定される十世紀十一世紀には、これを直接特定する文献による言語証言も、絵画、印璽、コインなどの図像証言もない。この帝国冠は、いつどこで制作されたか、いつどこから現実の歴史の中に入りこんできたのか、まったく不明なのである。

皇帝の冠は、皇帝の神権性の象徴であり、戴冠式のもっとも重要な用具であり、古代ローマにつながる

神聖ローマ帝国冠　ウィーン、王宮財宝室

帝国のモニュメントとして、全ヨーロッパ的に注目されていたはずである。

皇帝の戴冠式といえば、東西ともにキリスト教会の公式のミサであり典礼であり、すでにカロリング時代から正規の戴冠典礼書が規定されており、この戴冠式の記録に帝国冠の存在を特定する証言がないというのは、まことに不思議というほかはない。

帝国冠についての直接の記録がないということはまさしく歴史の不可思議であり、この神秘性は無限の関心をかきたてるのである。


オットー一世（大帝）は、九六二年二月二日マリア御潔日に、ローマの聖ペトルス大聖堂において法王ヨハネス十二世によってローマ皇帝として塗油され戴冠された。これは、八〇〇年のクリスマスにシャルルマーニュの皇帝戴冠によって成立した西ヨーロッパ的キリスト教的ローマ帝国のさらなる革新であり、神聖ローマ帝国の原点として、世界史的意義をもつものであった。

クレモナの司教でオットーのイタリアにおける外交官の地位にあったリウトプラントは、『オットー大帝事蹟録』*Liber de Ottone rege* の第三章で、オットーの九六二年のローマ進出とそれにつづく皇帝戴冠にふれて、

Ubi miro ornatu novoque apparatu susceptus ab eodem summo pontifice
et universali papa Johanne unctionem suscepit imperii

そこで、すばらしい、あたらしい衣装と用具で、

聖俗最高位の法王ヨハネスにより皇帝の聖油をうけたと記している。

帝国冠の成立について、早期成立論者は、この「衣装と用具」というのは、オットーが新規につくらせてもちこんだ即位標章ではないかとし、よりくわしい考証の必要を説きつつも、あるいはこれが帝国冠ではないかとする(1)。

これに対して、反論者は、これはただ衣服と装飾をいっているだけで、オットーが標章をもってローマにきてうけいれられたということではなく、かれはただ法王にうけいれられ塗油聖別されたというにすぎないとし、みずから新たにしつらえたものを身につけたということではなく、即位者一般のことをいっているのだとする(2)。

帝国冠をこの九六二年二月二日のオットーの戴冠という世界史的事象と関係づけさせようとする試みは、まったく否定できないにしても、これ以上正確に確認することはできない。

しかしこのオットーの皇帝戴冠が神聖ローマ帝国の原点となるかぎり、ここで用いられたなんらかの即位標章は帝国標章の原点となるのであり、これによって皇帝の戴冠標章は〈帝国標章 Regalia Imperii, Reichsinsign〉として法制的に制度化されたことになるのである。それはこの、のちに神聖ローマ帝国という名称となる政治制度とともに、その皇帝の権威と地位を、さらにはキリスト教的神権性を象徴する帝国戴冠標章であった。

　この場合それが現存の帝国冠であった可能性はうすく、またそれは一つとはとはかぎらず、それはどのようなものであったにせよ、皇帝の地位と権力をしめす象徴として、またその神権性をしめすキリスト教の戴冠典礼の聖具として希求され崇拝され、さらにそれをもつことが皇帝としての正統性を保証することになったために、やがては神権性の象徴としてあってはならないはずの物神性とカリスマ性が生じ、それはたちまち巨大化して、支配者と支配権をのぞみ狙う野心者のその獲得と永続的保持の激しい欲求の、すなわちあまりにも当然ではあるが、その獲得のためには手段をえらばず、また一度手にいれたら必死に保持しようとする狂気の執念と死闘をかきたてるのであった。

　そしてある時点で、すなわち現在もはや確認することのできないある時点で、この帝国標章の実体として現在の帝国冠が、圧倒的な威容と象徴性をもって現実の歴史のなかに出現するのである。

　そしてみずからが、みずからの成立とみずからの由来を証言するただ一つの文献資料として今日に永在するのである。

　現在の帝国冠についての最初の言語証言は、はるか後の十二世紀末期から十三世紀にかけて、『エルンスト公叙事詩』とヴァルター・フォン・デア・フォーゲルヴァイデの箴言詩に記され、十五世紀に喪失してしまったとされる、帝国冠の主極宝石 Zentralstein あるいは主導宝石 Leitstein の〈孤児　Waise〉についての記述であって、現在の帝国冠はこれによってはじめて文献的に特定されるのである。

（1）F. Sprater, 1942. / H. Decker-Hauff, 1955.　（2）J. Deér, 1949.

二　帝国標章の流転

帝国標章の歴史は、当然のことながら、神聖ローマ帝国の歴史と皇帝の運命に、その栄光と悲惨に、すなわちその八〇〇年の宿業に直接に関連する。

それは帝国標章の流転の歴史である。ドイツ国王と皇帝は、アーヘンで、またローマで、いろいろな形でこの帝国標章によって戴冠した。かれらはこの帝国標章をもつことによって自己の地位をしめすことができた。

中世のドイツ帝国に、主都はなく特定の帝国城砦もない。それはこの帝国が選挙による世襲制で、皇帝の世襲性が永続しなかったためである。

帝国の中心は、すなわち帝国を具体的に確認させるただ一つのものはこの帝国標章であった。それゆえにひとはこの帝国標章を名指して〈帝国　daz riche〉とよび、聖性をもたらす聖遺物として崇拝した。帝国標章は、帝国のアイデンティティーの象徴であった。

中世、帝国標章は各地を流転した。

国王、皇帝は定住地をもたず、一つの宮廷から他の宮廷へ移動した。この〈旅する王国〉と称される慣習は、中世初期には普通のことであり、移動する帝国標章の歴史は、すでに十世紀十一世紀にはじまっていた。

十一、十二、十三世紀には、この帝国標章の具体像と所在地と日時は、かなりな精度で確認できる。それらはいずれも、帝国史における帝位抗争をしめす資料である。

一〇〇二年、皇帝オットー三世はイタリアのパテルノ城で齢二十二歳で死去し、その遺体は帝国標章とともに、皇帝の遺言にしたがってアーヘンに送られた。しかしこのオットー三世の従従兄《またいとこ》、バイエルン公ハインリッヒはこの一行をバイエルンのポーリングで待伏せして、帝国標章を横領した。ハインリッヒはこの国家的悪業によって、皇帝ハインリッヒ二世として即位する。かれはそのスラヴ伝道拠点としてバンベルク司教区を設立し、後に聖者の称号をえる。ハインリッヒ二世は、皇帝コンスタンティヌス以後、叙聖され聖者の公的称号をえたただ一人の皇帝である。

一〇七三年、帝国標章はきわめて確実にハルツブルクにあった。この年、ザリエル朝の皇帝ハインリッヒ四世は、有名なカノッサにおける法王グレゴリウス七世への懺悔の数年前、ザクセンの君主たちから逃亡し、ある年代記によれば、ハルツブルクから〈帝国標章とできるかぎりの財宝〉をもちだした。その道は今日もなお〈皇帝路〉とよばれる森の道で、ブロッケン山の下をとおって南方に通じていた。皇帝と帝国標章は結局予定の逃避によって、帝国修道院ヘルスフェルトにいたった。

この二つの事件は、帝国標章がすでに皇帝権の象徴として絶対性をもっていたことをしめすものである。

中世、シュタウフェンやハプスブルク時代の一連の壮麗な城砦は、この帝国標章を安全に保管すべきところであった。その保管室は頑丈につくられ、例外なしに至聖所の上部の礼拝堂であり、そこにいたる特別の通路がもうけられていた。帝国標章が安置される場所は、安全であるとともにたえざる神の礼拝の場所であった。

一一二五年から一二七三年まで、シュタウフェン朝においては、この帝国冠はおおむねトリフェルスにあったことはたしかである（この時点では帝国標章は現在の帝国冠であることが確認される）。

一二七三年から一三二三年まではハプスブルクの下で、スイスのヴィンタートゥール近傍のヴェステ・キーブルクで保管されていたことは確実である。この城砦の女性城代は一度も皇帝の顔を見たことがないのにもかかわらず、「されど帝国はこのキーブルクにあり」と記した。

一三二三年、帝国財宝はルートヴィッヒ・デア・バイエルに交付されミュンヘンにきた。帝国冠はそのあとヴィッテルスバッハ家の庇護の下にミュンヘンにあった。

一三五〇年、これは結局ルクセンブルク家のカール四世に譲渡された。この譲渡目録は現在の帝国冠を記した最初の公的文書である。

帝国冠はプラハ近傍のカールシュタインにきた。それ以来これは毎年プラハへもちだされ、年一回復活祭後の第二週目の金曜日に、カール広場の聖遺物展示施設で公開された。この聖遺物展示施設は、標章を聖遺物と同様に崇める一般民衆のための設備であった。

カール四世は、シャルルマーニュ崇拝 cultus を再現した。これより後、帝国冠はシャルルマーニュの皇

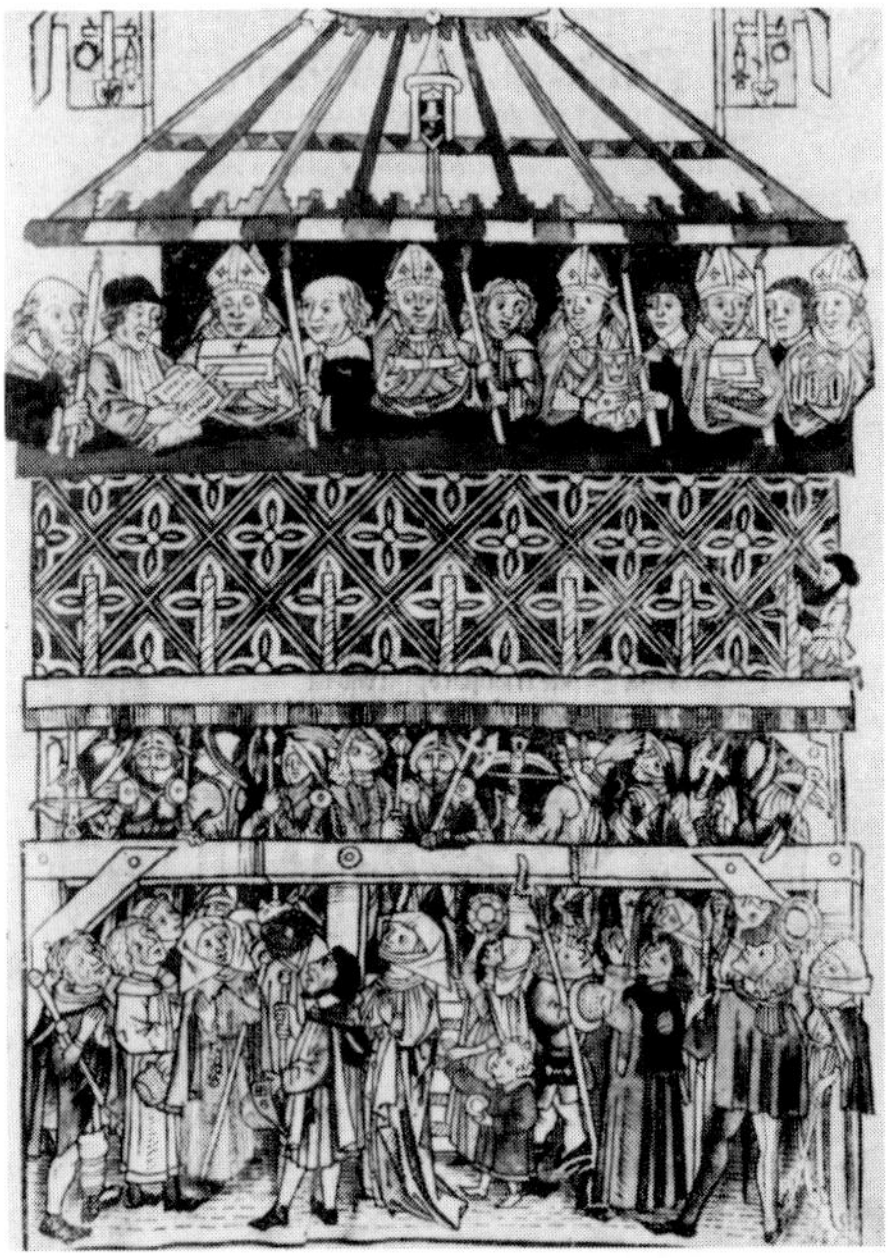

帝国標章の展示
木版画、1489年頃、ニュールンベルク、国立公文書館

帝冠として、シャルルマーニュにさかのぼって付会された（第二章参照）。

一四二一年、これらの標章は、もう一人のルクセンブルクの皇帝ジギスムントの要請で、フス派の攻撃からまもるためにカールシュタインからもちだされた。

帝国冠は冒険的逃避の後、ハンガリーをへてニュールンベルクにきた。

一四二四年三月二十二日から一七九六年まで、すなわち三七二年間、ニュールンベルクは帝国財宝の保管都市となった。

ニュールンベルクではプラハの前例に倣って、この標章を年ごとに聖遺物展示施設Heiltumで民衆に公開した。これはニュールンベルク聖母教会に面してたてられた台架で、標章はこれを崇敬する大衆に公示された。公開の日には、ニュールンベルクの定期市が付随した。

帝国冠をつけたシャルマーニュの肖像画は、ニュールンベルクを代表する画家アルブレヒト・デューラーによるもので、帝国冠についてのまったくの錯誤によるものであるにもかかわらず、当時の一般のイメージを代表するものとして、今日世界的に定着しているのである。

またデルゼンバッハによる帝国冠の実測図の制作も、このニュールンベルクの帝国冠を保管する帝国都

デューラー《カール大帝像》
1513年頃、ニュールンベルク、ゲルマン国立博物館

デルゼンバッハによる帝国冠の実測図
1750年、ニュールンベルク、国立公文書館

市としての矜持によるものである。

帝国冠の歴史にはまた宗教改革が重要な意味をもつ。

一五二一年、新皇帝カール五世はヴォルムスに帝国議会を招致し、ここではマルティン・ルターの問題が主要議題になった。この一五二一年のヴォルムスの帝国議会以来、〈皇帝シャルルマーニュ冠〉の宝石の数が記録され、これは歴史的に重要な記録となった。

一五二三年、ニュールンベルクに宗教改革が導入され、以来聖遺物展示は偶像崇拝として忘れられた。

それまではこの標章の主要目的である戴冠式はアーヘンで行われたのが、以後はフランクフルトになった。

一七九六年、この帝国冠はフランス革命軍の前に、再度冒険的逃避をしなければならなかった。この帝国財宝はレーゲンスブルクとパッサウをへて、最後にウィーンにきた。

一八〇五年および一八〇九年、ナポレオンがオーストリアを征服した際、帝国財宝はハンガリーに送られた。

そしてこの間に、神聖ローマ帝国は終焉した。

一八〇六年、ハプスブルクの皇帝フランツ二世は皇帝位をしりぞき、その象徴である帝国冠を措いた。このようにして、八〇〇年のシャルルマーニュの戴冠以来続いてきたヨーロッパ的帝国は、さらに九六二年のオットー大帝の皇帝戴冠以後は地理的政治的にドイツ地域に根ざしていた帝国は、終焉した。

自由戦争の不安な時代に、この帝国冠がどこにあったかは詳細にはわからない。

十九世紀、ロマンティシズムの思潮のなかで、中世への憧憬とともに、帝国冠はふたたび人びとの心によみがえった。

一八四九年フランクフルトの憲法草定で、一八六三年フランクフルトの君主会議で、民族国家ドイツのアイデンティティの象徴として帝国冠のカリスマ性があらためて回想された。

一八七〇年、ヴィルヘルム・ラーベは小説『帝国の冠』をあらわし、一四二一年の帝国冠のプラハからの脱出のときに、帝国冠をまもりその後業病にかかった騎士に愛をつらぬいたニュールンベルクの女性を讃美した。これも帝国冠の流転の歴史の一こまである。

一八一八年以後、帝国冠と帝国財宝はウィーンの皇帝財宝室に安置されていたが、一九三八年アドルフ・ヒットラーの命令で再度ニュールンベルクへ帰還した。

ナチシズムは、中世の帝国のキリスト教的意義をまったく考えずに、みずからを中世のドイツ帝国の後継者としたのである。

第二次大戦最後の年、ニュールンベルクにあった帝国財宝は、ヘルムシュテット近傍のグラスレーベンの岩塩鉱に隠された。

一九四五年、アメリカ軍がこれを回収した。

これは連合軍のはからいで、一九四六年、再度ウィーンへ帰還した。

このふるい帝国の最高の象徴は、最終的にウィーン王宮の世俗財宝室に保管され、今日にいたっている。[1]

（1） R. Staats, 1991.

三　帝国冠の成立年代（研究史）

帝国冠は、十四世紀以来〈シャルルマーニュ冠〉とよばれるようになった。これは皇帝カール四世がこの名称をもっとも一般性があるとして採用したためである。それ以来、この帝国冠は一世紀間、シャルルマーニュという偉大なフランクの国王にして西ローマ皇帝の聖遺物とみなされて、その消滅したシャルルマーニュの帝国の象徴として、ロマンチックに敬慕された。

しかし一方でははやくから、歴史的批判が行われていた。二人のニュールンベルクの関係者が、帝国標章についての学術的研究をはじめたのである。

H・W・エーブナー・フォン・エッシェンバッハ（一六七三—一七五三）はニュールンベルクの市参事会員、判事をつとめるとともに、帝国冠騎士として、カール六世（一七一一年）のまたカール七世（一七四二年）の国王（皇帝）戴冠のために、戴冠標章をフランクフルトにもちだし、この帝国財宝についての大規模な文書資料をあつめた。

かれは、銅版画家J・A・デルゼンバッハに帝国財宝のすべての部分を実写させた（一七五〇年ごろ）。またニュールンベルクの博学者C・G・v・ムール（一七三三—一八一一）は、最初のウィーン財宝室長として各種の出版につとめ、一七九〇年、この帝国冠は、正面の十字架、ブリッジ、冠体というそれぞれ成立年代がちがう三つの部分からできていることを確認し、さらに冠体とブリッジに用いられている金地のカラット値のちがいを指摘した。

十九世紀、帝国標章についての決定的な記念碑となったのは、オーストリア皇帝フランツ・ヨーゼフ一世のつよい要請で出版された、アーヘン司教座聖堂参事会員フランツ・ボックの『神聖ローマ帝国の財宝』(一八六四年)である。[1]

ボックはこの帝国冠の成立と由来について、「ザリエル朝の皇帝コンラート二世(在位一〇二四—三九)はローマでの華麗な戴冠(一〇二七年)のあと、その皇帝装飾をブルゴーニュのクリュニー修道院に寄贈したが、それは数年後(一〇三〇年ごろ)の飢饉のときにほかの財宝とともに修道院長オディローによって解体され、救済につかわれた」というふるい記録に照らせば、現存する帝国冠はブリッジにその名が記されているコンラート二世と関係するはずがなく、いずれにせよそれは一〇二七年以後のものとした。

またこれとは別に「一〇三二年にブルゴーニュ国王ルドルフ三世(在位九九三—一〇三二)はその冠を、姪ギゼラの夫、皇帝コンラート二世に遺贈した」という記録があり、この年コンラート二世はブルゴーニュ王国あるいはアルラートを帝国に編入し、シャルルマーニュ以来の帝国の最大の範図をなしとげたことから、ボックは、コンラート二世の皇帝冠はクリュニーで解体され、「その数年後、ブルゴーニュの王冠がコンラート二世にあたえられた」と記録にある王冠こそ、それが現在の帝国冠であったとして、帝国冠をコンラート二世冠あるいはブルゴーニュ冠と名づけた。[2]

ギゼラ宝飾
11世紀、マインツ州立博物館

二十世紀になると研究はようやく学術的に整備され、研究方法は実証的に、資料のよみかたも合理的なものとなった。

一九一三年、O・フォン・ファルケは、マインツで出土した〈ギゼラ宝飾《ブローチ》〉が帝国冠と様式的に密接に関連することをしめした。かれはこの帝国冠の冠体、正面の十字架、ブリッジがすべて同時期の作品で、十一世紀前半の成立であるとし、ブリッジの真珠の銘文のとおり、すべて皇帝コンラート二世によるものであり、この帝国冠は、一〇二五年ごろおそらくマインツで制作され、一〇二七年のコンラート二世のローマでの戴冠にもちいられたとする。この想定は、美術史学者J・フォン・シュロッサーの賛同をえた[3]。

一九二六年、A・ヴァイクスルゲルトナーは、ウィーン財宝室の宝冠保管官として、ボックの依拠した記録から、帝国冠の冠体はこのブルゴーニュのルドルフ三世の王冠であるとし、十字架とブリッジは皇帝コンラート二世の付加によるとした。(4)

一方、一九四二年、F・シュプラーターは、この帝国冠の平板の冠体は、オットー一世の九六二年のローマでの皇帝戴冠についてのクレモナ司教リウトプラントの証言にのべられているものそのものではないか、ということをはじめて指摘した。かれは、この帝国冠の冠体は、単なる国王冠として使用される性格のものではなく、したがって贈与されることもなく、それゆえに後世につたえられたとし、コンラート二世が、正面の十字架とブリッジを付加することによって、皇帝冠とされるようになったという。(5)

第二次大戦後、おおくの美術史学的研究がおこなわれ、新しい成果がえられた。

H・フィリッツは一九五三年、様式比較による成果をしめし、この帝国冠の冠体はエッセンの古マティルデ十字架（九七三―九八二年成立）と密接な関係があり、これよりさらに時代がさかのぼると指摘している。(6)

H・デッカー＝ハウフは一九五五年に、このフィリッツとほぼ並行して、帝国冠の現在の研究の原点となった論文で、この冠体は、オットー一世の九六二年のローマでの皇帝戴冠にもちいられたものであるとの立場を鮮明に打ち出し、帝国冠の成立年代の傍証として、ザイテンシュテッテンの象牙板（在ニューヨーク、メトロポリタン美術館）に、皇帝が小弧のあるブリッジをつけた環帯《ベルト》冠をつけた姿で描かれているのをしめし、これこそドイツ皇帝冠の最古の図像だとする。(7)

またかれは、クリュニー修道院長オディローがハインリッヒ二世（在位一〇〇二―二四）時代に、オットー

ザイテンシュテッテンの象牙板
キリストの左下に献堂する皇帝
10世紀後半、ニューヨーク、メトロポリタン美術館

古マティルデ十字架
10世紀後半、エッセン大聖堂

一世のためにしるした墓碑銘の「この小さい石は大いなるオットーを覆う……その国ではむかしのダヴィデ王のごとくつよく、ソロモン王のごとく栄光にみち平和を愛し聡明で、ヒゼキヤ王のごとく平和への希望にあふれたり」を解釈して、ここに帝国冠の三王の名前があげられていることから、ハインリッヒ二世もまたオットー一世と同じ冠をもちいたはずだとした。

かれはこの帝国冠の図像プログラムが支配者の地位を rex et propheta（国王で預言者）としていることを強調して、この冠の成立をオットー一世の時代におこうとする。このデッカー＝ハウフによる証明はきわめて暗示にとみまた説得性がつよく、結果として帝国冠は今日までほとんどすべての場合、オットー朝時代のすぐれた芸術作品として扱われる。

このフィリッツとデッカー＝ハウフに対する反論を展開したのは、J・デール、A・グラバール、T・レンジングである。(8) 後者二人はすでに一九五七年に、この冠体板とエッセンの古マティルデ十字架との様式比較にはまったく説得性がないとし、この年代を九八二年、とくに九六二年以前とするのは妥当性がないとした。そしてこの金工芸術の様式から見て、オットー三世（在位九八三—一〇〇二）時代に成立したものとする。

一九七六年、神学者で教会史家のR・シュターツは、この帝国冠はオットー二世のためのものであるが、それはオットー一世の九七三年の死以前の、すなわち九六七年のクリスマスのローマでの、子息オットー二世との共同皇帝戴冠のためにつくられたとした。

かれはこれについて二つの推論を提示する。その一つは、クレモナの司教リウトプラントのザクセン朝の起源についての記述に、「コンラート一世がハインリッヒ一世に譲渡したザクセン朝の冠が黄金でできていて、とくに宝石で飾られていた」とする一節は、かれがすでに帝国冠を目にしていて、それが過去の記述に投影されたものであり、それゆえにこれはかれの九七二年の死以前にできていたとする。もう一つは、旧約の王のダヴィデとソロモンの表現がオットー一世とオットー二世に対応し、オットー一世が子息オットー二世を共同皇帝として戴冠させたことの反映である、という点である。そしてこの帝国冠の精神的企画者、国王権と司祭権の統一のプログラムを提示したのは、皇帝オットー一世の弟のケルン大司教ブルーノーであったろうとする。(9)

一方、M・シュルツェ＝デールラムは一九九二年、あくまで実証的に、考古学的方法 Archäologische Methode によって、帝国冠の二十一種類の装飾要素とその形式について、九世紀からハインリッヒ四世時代までの年代の特定されているほかの作品と比較した結果、帝国冠の成立をブリッジに記されたザリエル朝のコンラート二世（一〇二四―三九）の時代まで引き下げた。(10)

この実証的方法の成果は否定できないが、しかしこの比較の対象の、品目、地域、年代にはひらきがあり、また比較物の年代特定に疑惑が指摘されている。

一九九五年、G・ヴォルフは、このオットー朝（九六五―六七）とザリエル朝初期（一〇二五―二七）の両説を、早期成立説と後期成立説として併記した。かれみずからは、〈九六五―六七〉説は広範な首尾一貫した背景が認定されるとし、帝国冠は中世初期帝国のオットー朝の金工芸術の現存する最古の傑作として、オットー朝が到達した西ヨーロッパ皇帝権の質をしめすものとして、オットー朝の支配権意識と十世紀中期の世界観の正統な証言として、看過することはできないとしている。[11]

また、この帝国冠の制作地については、ビザンツ、シチリア、ブルゴーニュ、ロートリンゲン、マインツ、フルダ、ライヘナウなどがあげられてきた。R・シュターツ、G・ヴォルフは、帝国冠についてのケルン大司教ブルーノーの意義をみとめて、その本拠であるケルンの聖パンタレオン修道院をこの成立地としてあげている。

（1）F. Bock, 1864.（2）G. J. Kugler, 1968.（3）O. v. Falke, 1913.（4）A. Weixlgärtner, 1926.（5）F. Sprater, 1942.
（6）H. Fillitz, 1953.（7）H. Decker-Hauff, 1955.（8）J. Deér, 1957.（9）R. Staats, 1976.
（10）M. Schulze-Dörrlamm, 1991.（11）G. Wolf, 1995.

四　帝国冠の原型

帝国冠の威容はきわだっている。

正面の大きな華麗な十字架、ハイブリッジと天上のイェルサレムを思わせる八角体の冠体、宝石板とエマイユ図像板の組み合わせという、西ヨーロッパとビザンツの結びつきを暗示する綜合性は、他に類をみないものである。

これは三つの部分からなるが、そのそれぞれは断片であり、各種のエレメントが付け加えられたり除去されたり奪取されたりしているのである。

これは三・五キロという、ちょっと想像もつかないような重さである。

この重さと、直径二十二センチという人間の頭蓋をはるかに超える大きさは、近世以降、冠といってもこれが実際に君主が頭上にかぶるものだったのかどうかということを疑問視させる要因となった。

一七六四年、幼いヨハン・ヴォルフガング・フォン・ゲーテはヨーゼフ二世のフランクフルトにおける皇帝戴冠を路傍でみて、ひときわつよい印象を受けたという。かれはのちに回想して、「若い国王はシャルルマーニュの帝国冠をかぶり大掛かりな衣装を引きずって衣装を誇示するように、ときおり父をみて笑

駱毛冠
（皇帝マヌエル1世コムネーノス像）
15世紀の写本
ヴァチカン図書館

いをこらえていた。帝国冠は裏地をつけて、頭上を大屋根のように覆っていた」（『詩と真実』第一部第五章）としている。

中世初期にはいろいろな宝冠の形式が成立した。

キリストは王の王 rex regum として冠をつけて表現され、聖堂の祭壇には小形の環形冠が奉献冠としてつるされ、さらにそれに十字架がつるされた。

ローマ、ビザンツにおいては、単純な環形冠 στέφανος、勝利者 vir triumphalis、執政者 princeps の月桂冠があり、これらはやがて宝石と黄金の環帯冠になった。

またローマ皇帝の前立冠（ヘアーバンド）diadem は後方を紐でむすんでしばしば皇帝の肖像にあらわれ、さらに皇帝の勝利をたたえる放光冠があった。

中世初期には皇帝の装飾兜がそのまま冠になり、これは七世紀には半球形の駱毛冠《カメラウキオン》 καμηλαύκιον になり、十一世紀にはアレクシオス一世コムネーノス（在位一〇八一—一一一八）は宮廷儀礼革新の議定書によって、これがビザンツ皇帝の皇帝冠であるとして制式化した。アレ

シャルルマーニュ騎馬像
9世紀後半、ルーヴル美術館

クシオスはこうしてコンスタンティノスの帝兜冠に新しい生命を与えて皇帝の公式皇帝冠にたかめ、それを駱毛冠と名付けたが、その息女アンナ・コムネーナは著作『アレクシオス』のなかで、これは議定書にしたがったもので、「……皇帝冠は地球儀のように頭を包み、それはすべて真珠と宝石で飾られ……その両側は顳顬《こめかみ》から頬にかけて真珠と宝石による瓔珞《ようらく》 ὁρμάθοι がさがっている……これは皇帝だけの衣装の装飾である」としている。

帝妃の冠は普通開頂冠 στέμμα であった。

皇帝の即位に戴冠の儀礼がおこなわれるのは、シャルルマーニュに始まったとされる。これらの戴冠の冠が皇帝国王の地位の標章となるのはさらに後のことである。

西ヨーロッパでは九世紀から十一世紀にかけて、さまざまな形式の冠があらわれた。

中世の支配者は軍事的支配者であり、その象徴は武器であった。

国王兜はそのまま王兜冠になり、補強ベルトがそのまま単独でブリッジ冠になりそこに装飾がついた。

環帯冠は制式化され、またキリストの勝利と慈悲をあらわす棕梠葉と百合花はそれぞれ冠となった。百合花は百合紋章 opus in modum lilii, fleurs-de-lis としてひろく制式化された。

皇帝冠はとくにブリッジをつけた円頂冠(閉頂冠)とされた(1)。

この環帯冠の実例は、西ゴートの王冠、アマラスヴィンタ／テオドリンダ冠(後述、口絵40)、アギルルフ冠、ロンバルディア鉄冠(後述、口絵39)、ボソ王冠、ユーグ・ド・プロヴァンス冠(スケッチのみ)、クニグンデ冠（後述、口絵33）などが現存している。

また百合花冠はすでに五九一年から文献で確認されていて、シャルルマーニュ騎馬像（メッツ、58頁参照）、サント・フォワ冠（コンク、アキタニア・カロリング冠、九世紀前半）、オットー二世冠（ベルゲ、スケッチのみ）、オットー三世冠（エッセン冠）などと普通であった。


帝国冠は、これらの冠とはまったく異なった、まったく独自の形式である。

中世盛期からつたえられた現存する図像には、この帝国冠と似たものはただの一つも存在しない。この時代のドイツ国王や皇帝の図像から、この帝国冠の成立を特定することはできないのである。

ザイテンシュテッテンの象牙板（51頁参照）のオットー一世は小弧のある直立したブリッジの冠をつけている。デッカー＝ハウフは、この八つの小弧のある垂直ブリッジを皇帝冠の特徴であるとみとめ、この図像は皇帝冠の最古の表現であるとした。しかしこの図像中の冠帯は平板をつなげたものにはみえず、これを帝国冠の最初の表現とみなすのは無理である。

帝国冠の形体についてつよい影響力を感知させるのはビザンツの皇帝冠である。アーチ型の平板冠にエマイユで図像を表現する技術は東方に由来するということは早くから知られており、九七一年のブルガリアのプレスラウで発掘された黄金の冠板や、ブダペストのモノマコス冠（一〇五〇年ごろ）にはっきりとしめされる。

さらにこれらにもまして、帝国冠の宝石で飾られたアーチ型平板冠への影響を決定的にしめす図像があ

百合花冠
上：エッセン冠（黄金の聖母像の冠）、10世紀末
下：サント・フォワ冠（聖女フィデスの栄光像の冠）、10世紀末

る。

それはローマのサンタ・マリア・イン・トラステヴェーレ聖堂にある、八世紀初期のビザンツの帝妃の衣装をつけた聖母マリアのイコンである。このイコンはほぼ確実に法王ヨハネス七世（在位七〇五―七〇七）かコンスタンティヌス一世（在位七〇八―七一五）の時代のものとされる。

ヘルマン・フィリッツは、ビザンツ帝妃の姿で表現されたこの神の母《テオトコス》のイコンの八角体平板冠が、帝国冠の形体と類似することを指摘した。(2)

この聖母の冠は、正面にμαργαρίτα（真珠十字）をつけ、ながい瓔珞紐をつけている。宝石装飾も、サファイア、アメシスト、エメラルド、ルビー、真珠の優先など、東ローマの標章の規範にかなっている。

このサンタ・マリア・イン・トラステヴェーレのイコンは、その形体の上で、帝国冠を考えるにあたって圧倒的な意義を感じさせる。

これは帝国冠と同様に、八枚の平板が結合されたものであるが、それは一個の立体デザインとして完結している。正面板はアーチ型で主軸をなし、二枚の側面板はやや低く、その間をつなぐ斜面板はさらに低く、この三種のアーチは軽やかな起伏のハーモニーをつくり、このデザイン感覚は明瞭に帝国冠にそのまま再現されている。

さらにこの冠の正面板上の真珠による小さなギリシャ十字は、冠体と軽快なバランスをたもち、冠体を軽快化している。

またこのビザンツの冠は聖母のゆたかなヘアーの上に軽やかに戴かれ、帝国冠が人間の頭蓋の大きさを

聖母子像（部分）
8世紀、ローマ、サンタ・マリア・イン・トラステヴェーレ聖堂［→口絵10］

こえる直径をもつこととも符合する。

これらのことをみると、この聖母の冠は帝国冠の型式とまったく合致するばかりか、これは冠の型式分類の次元をこえた、同笵《どうはん》のものとさえいえるだろう。

一方、帝国冠の十字架は、後補のものとはいえサイズも宝石も大げさすぎて、全体を実体以上に加重化している。これはこの帝国冠の威容の最大の要因になっているのだが、それは異様な威容なのであってむしろ重苦しく、中世初期西ヨーロッパ帝国の〈粗野な美学〉といわれる事実をしめす最大の原因になっている。

また帝国冠の垂直ブリッジは、皇帝冠の第一の特徴とされるものだが、垂直感を加算して、冠体とデザイン的に合致しない。この垂直ブリッジはデザイン的にみれば、明らかに後補のものである。

そして、このイコンの冠と帝国冠の根本的なちがいは、この冠の斜面板が正面板とおなじ宝石板であるのに対して、帝国冠はエマイユ図像板になっていることである。

この帝国冠の宝石板と図像板の交互の連携は、ビザンツと西ヨーロッパの連携を暗示するものとされる。ビザンツと西ヨーロッパの間には、すなわちコンスタンティノス七世・ポルフュロゲネトスとオットー一世との間には九四五年以来数次の使節往来があり、それにともなってビザンツのイメージとイデオロギーが西ヨーロッパにもちこまれ、関心をよんだのであった。[3]

（1）P. E. Schramm, 1965.（2）H. Fillitz, 1967.（3）M. Schulze-Dörrlamm, 1991.

五　帝国冠の構成

帝国冠は、冠体、十字架、ブリッジという三つの部分からなりたっている。

この冠本体 corpus は八角体で、大きさは短径二〇・九㎝×長径二二・二㎝、八枚のアーチ形の黄金板が蝶番でつなげられている。金地はすべて二一カラット。これらは本来、それぞれの部分が分解できるようになっていた。移動の際の便を考えてのことだという。後に内側に二本の鉄帯がつけられて、黄金板は固定されて冠帯となっている。

アーチ形の黄金板は大きさがことなり、装飾もことなっている。正面、背面、側面板はより大きく、研《みが》かれた宝石と真珠と金細工装飾をつけているのに対して、四枚の斜面板はより小さく、金細工装飾は少なく、旧約の王であるダヴィデ、ソロモン、ヒゼキヤと全能者の図像が、エマイユ・クロワゾネでえがかれている。

側面板の下辺には金のうすい小管が三つずつついていて、かつては帯状の瓔珞が下っていたことをものがたる。側面板と背面板にもかつては上方に宝石と真珠による〈百合花装飾〉がついていたらしい。

帝国冠　正面

冠帯の内側にはかつては司教冠がとめられていたというが、現在は十八世紀の赤いビロードの冠帽になっている。

正面板は冠体の中でもっとも大きく、大きなサファイア、エメラルド、アメシストなどの十二の宝石と十八のバロック真珠と十二の小ルビーが、格子状にならんでいる。これらの宝石は高くとめられていて、背後の黄金板の穴のまえにうきだしている。このために光はすべて宝石の内部で輝く。大きな宝石は三爪と金珠環で留められている。これらの宝石はすべて金珠線でとりかこまれ、光の中につきだしている。さらに小さないろいろな金線装飾が細部をうめている。中列最上のサファイアは明白に金の留金に合致しておらず、後世に嵌め替えられたものである。ここにはもと、より大きな宝石が、すなわちあとで述べる、有名な〈孤児〉とよばれる、ほぼ確実に高貴オパールと想定される美しい宝石が嵌められていた。

右側面

背面板は正面板に対応していて、高さは同じだが幅は小さい。宝石の配置、とめ方、金線装飾は、正面板どおりである。中央の最大のサファイアはとくに華麗な留金でとめられている。中央二番目の研《みが》かれた風信《ヒヤシン》石《ト》は、一七六四年のヨーゼフ二世の戴冠のときに、失われたものに嵌め替えられたものである。

二枚の側面板は、サファイア、アメシスト、エメラルド、真珠が、中央の四角形のエメラルドをめぐってならんでいる。これを中心にして、滴状のルビーが端を外にむけてならんで対角十字をなし、真珠はギリシャ十字をなしている。

四枚の図像板は他の四枚よりもやや小さく、中央はアーチ形のエマイユ板でその表面はふくらみ、金線で地板にとめられている。このエマイユ板は、それぞれ十のサファイアと十四の真珠と小さな金細工装飾でかこまれている。サファイアは三爪の留金でとめられているのに対して、真珠は穿孔されて金珠線の輪でかこまれている。

ダヴィデ板には、REX DAVID（ダヴィデ王）の銘文があり、ダヴィデ王は王兜冠をつけ、短い青の上着《チュニカ》tunica で、青のマント《クラミュス》chlamys をブローチでとめ、銘文帯には金文字で HONOR REGIS IUDICUM DILIGIT（王のちからは審判をこのみたまう）と記されている。

ソロモン板には、REX SALOMON（ソロモン王）の銘文があり、ソロモン王は同様に王兜冠をつけ、短い青の上着とゆったりした緑のマントをつけ、銘文帯をもち、そこには金文字で TIME DOMINUM ET RECEDE A MALO（主を恐れて、悪を離れよ）と記されている。

イザヤ―ヒゼキヤ板には、ISAIAS PROFETA（預言者イザヤ）と EZECHIAS REX（ヒゼキヤ王）の銘文があり、ヒゼキヤ王が王座に坐し頭を右手でささえ、預言者イザヤはそのまえにたって銘文帯 ECCE ADICIAM SVPER DIES TVOS XV ANNOS（ここにわれ、なんじに十五年の寿命を付加せん）をしめしている。

主の栄光板には、キリストが全能者としてしめされ、二体の智天使《ケルビム》が傍侍し、赤字の銘文は PER ME REGES REGNANT（われによりて王たちは支配す）とある。

正面板の上の十字架は後補のものである。

これは、金地二一カラットで、上下九・九cm、左右八・二五cmである。前面にはサファイア、アメシスト、エメラルドの研かれた五つの宝石があり、二十の真珠と二十の小さい丸く突き出たエメラルド、サファイア、ルビーがある。十字架の縁には金線による小円錐、小球がならぶ。透彫りの草花が金の地板をお

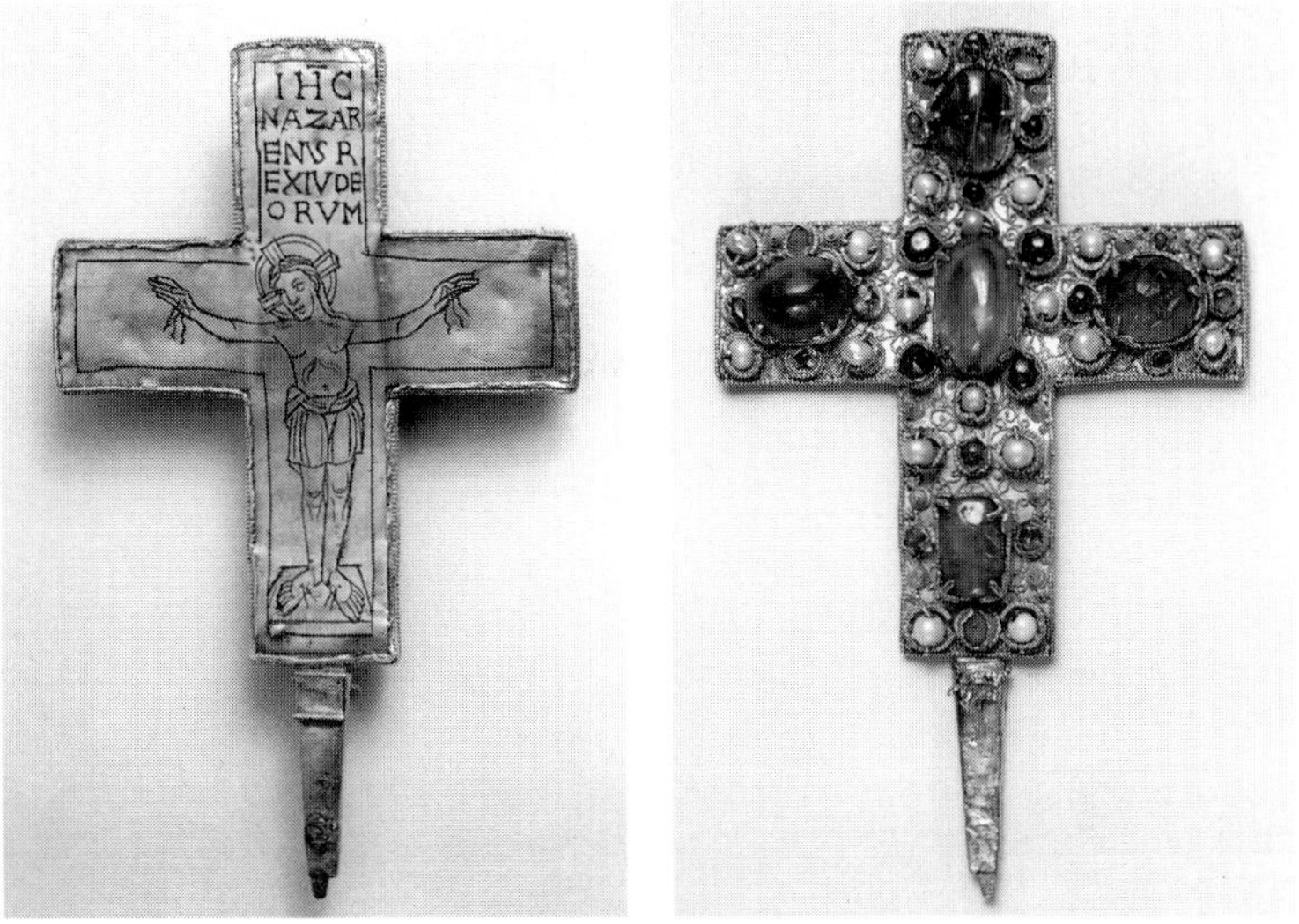

帝国冠の十字架　表（右）と裏

おう。五つの大きな宝石は金線細工の上におかれ、金の三爪の留金でおさえられている。中央のサファイアは穿孔されて、金珠線の二重の輪でかこまれ、金球でつながれている。小宝石と小真珠は金の薄鞘でとめられている。

十字架の背面には磔刑像が黒金象眼され、IHC NAZARENVS REX IVDEROVM（ナザレのイエス、ユダヤ人の王）の銘文がある。

この十字架には鞘がなく、正面板の最上の宝石とブリッジの先端の鞘の間にさしこまれている。このブリッジの鞘は後補のもので、正面板の最上の宝石の留金の裏面に溶接されていて、現在のハート型のサファイアで固定されている。

鶏冠形のブリッジも後補のものである。

これは、長さ二三㎝、高さ四・二㎝、金地は一九カラットで、二本の金珠線で縁取られている。ブリッジ

帝国冠のブリッジ

の下縁には細い装飾帯がはしり、真珠、卵型のルビー、四角形のエメラルドが交互にならび、金珠線の枠でかざられている。

その上に八つの金の小アーチがならび、CHVONRADVS DEI GRATIA / ROMANORV(M) IMPERATOR AVG(VSTVS)（コンラドゥス　神の恩寵によるローマ皇帝アウグストゥス）の銘文がある。これは小真珠の連糸で、金地にくくられている。この小アーチの上端は、金珠線が百合状になっている。

このブリッジは、正面板と背面板の先端をつなぐものであった。

これは銘文のとおり、コンラート二世が付加したものとされる。[1]

（1）M. Schulze-Dörrlamm, 1991.

六　帝国冠の宝石

帝国冠の象徴言語は視覚化された神学言語である。この象徴は複数の意味をもち、多重化しシステム化している。その言語は、旧約聖書、新約聖書の言葉である。

この聖書の言葉と内容はそのまま宝石となり図像となって帝国冠に内在し、帝国冠として具体化している。帝国冠は最初からこの標題《プログラム》によってつくられているのである。

正面板―背面板

正面板と背面板はそれぞれ十二のいろいろな品質と色彩の宝石でおおわれ、その間に多数の真珠がある。背面板は正面板に対応した宝石の配置形式をしめしている。

正面板の大きな宝石は縦三列横四行にならび、中列の宝石はとくに大きい。十二の宝石は、四つの灰青のサファイア、三つの緑のエメラルド、五つの赤茶／紫色石で、その五つのなかの最大のものは、中列下から二番目の赤茶の尖晶石でバラスルビーとよばれ、そのほかの四つは紫のアメシストである。中列最上のサファイアは、前述のとおり後世に嵌め替えられたものである。

帝国冠　正面板（右）と背面板［→口絵2/3］

これらの宝石とともに十八の大きな真珠が金珠線でかこまれ、宝石と真珠は賽の五の目の五点形 Quincunx をなして連続する。そして、この宝石と真珠の第一次パターンにはさらに十四のより小さな赤い宝石がくわわり、四つの金の小球と金珠線が空白をうめている。第一次パターンは緑青紫白の色彩和音をなし、さらに第二次パターンの赤がくわわる。この正面板の宝石の緑白青に紫赤をくわえた色彩和音は、古くからビザンツにおいて皇帝とその近親者にのみ適用されるものであった[1]。

この正面板の宝石は色彩による象徴記号をしめす。

一　緑の三角形—三つのエメラルド（中二、左右三）による。

二　青の十字形—四つのサファイア（中上下、左右二）による。

三　紫のX字形—パラスルビーと四つのアメシスト（中三および左右上、左右下）による。

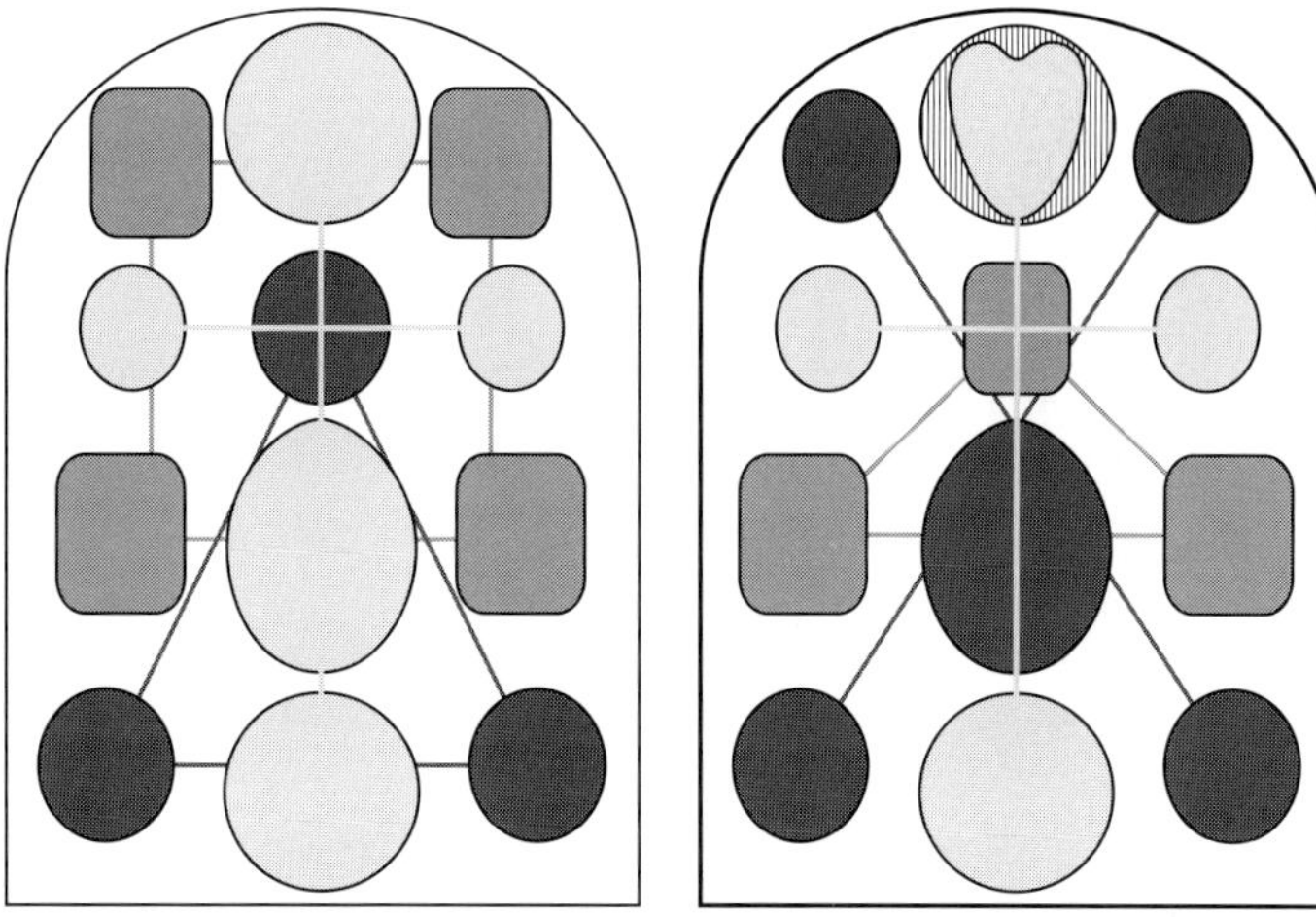

宝石の配置による象徴記号　正面板（右）と背面板
■＝青／■＝緑／■＝紫

緑青紫の色彩和音についてはそれぞれ、緑─信仰、希望、瞑想、永世、キリスト／青─天上（主の栄光はこの色でしめされ天上の姿をしめす　Beda : Gloria Domini in hoc colore consistit, qui portet imaginem supercoelestis ）／紫─天上の支配権の権威であり最高の国王と皇帝の衣装（紫はすなわち天上の王の衣装　Beda : Purpureus ergo decor coelestis regni habitum ）を意味するとされる。

また象徴記号は次のような意味がある。

三角形─三位一体（父、子、聖霊）。すでにピタゴラス、プラトンにおいて全世界の形式原理とされ、アウグスティヌスに攻撃されながらしばしば用いられた。

十字形─キリストの十字架による死と復活であり、キリストの支配による解放の表意文字。ラテン十字はこれがギリシャ・ビザンツ由来でないことを暗示する。

X字形─これはヤハヴェの＋あるいはxであり、キリストの記号であり、ギリシャ語の二十二番目の字母であり、ヘブライ語の二十二の字母である。二十二という数は律法の数値であり、その精神世界であり、旧約新約の章数であった。

このように、帝国冠の正面板の十二の大きな宝石による色彩和音と象徴記号は最高度の象徴言語であり、とくに青の優越は〈天上のイェルサレム〉を証示するものであり、キリストが支配するキリスト教的皇帝 **rex (imperator) Christianus** を象徴するものである。

背面板もまた正面板と同じように十二の大きな宝石が三列に高く把持されている。ここでもまた三つの色彩と象徴記号がみとめられる。

一　緑の正方形—左右上と左右三の四つの緑の宝石で、正面板のXに対応し、これは福音の、天上の四つの方向への伝道と伝播をあらわす。

二　青の十字形—中一三四と左右二の五つの宝石で、正面板の十字形の色彩と一致する。

三　紫の三角形—中二（嵌め替えられている）と左右下の宝石。

背面板は正面板にくらべて全体の印象はよわく、とくに中列第二の十八世紀に嵌め替えられた宝石は見劣りがする。(2)

しかし帝国冠の圧倒的な象徴言語は、この十二の宝石のしめす十二という数値である。聖書には十二という数値はきわめて数多く存在するが、その中で、十二の宝石が三つずつ四つにグループ化されるということについては、ただ二カ所にのみ、はっきりと明示されている。

その一つは、旧約の出エジプト記二十八章の、神がモーセに命じた高位司祭の祭式の衣服の規定で、籤による審判のための四角な袋状の胸当て חשן《ホシェン》 choshen である。

A・ビューラーはこの旧約の高位司祭の胸当ての記述を指摘した。[3]

……またその中に宝石を四行にはめ込まなければならない。すなわち紅玉髄、貴橄攬石、水晶を第一行とし、第二行は石榴石、瑠璃、赤縞瑪瑙、第三行は黄水晶、瑪瑙、紫水晶、第四行は黄碧玉、縞瑪瑙、碧玉であって、これらを金の編細工の中にはめ込まねばならない。その宝石はイスラエルの子らの名に従い、その名とひとしく十二とし、おのおの印の彫刻のように十二の部族のためにその名を刻まなければならない。

（出エジプト記二八：一七—二一）

もう一つは、この十二の宝石を、新約のヨハネ黙示録第二十一章の、天上のイェルサレムの城壁の基礎石の記述にみるものである。

デッカー＝ハウフは宝石と真珠の数が十二であることを明示したうえで、この十二の数値と色彩和音は〈天上のイェルサレム〉の図像化であることをしめした。[4]

ここでも宝石の並び方は三つの城門の四グループに対応する。

御使［は］……聖なる都イェルサレムが、神の栄光のうちに、神のみもとを出て天から下って来るのを見せてくれた。……それには大きな、高い城壁があって、十二の門があり、それらの門には、十二の御使がおり、イスラエルの子らの十二部族の名がそれに書いてあった。……都の城壁の土台は、さまざまの宝石で飾られていた。第一の土台は碧玉、第二はサファイア、第三は瑪瑙、第四は緑玉、第五は縞瑪瑙、第六は赤瑪瑙、第七は貴橄欖石、第八は緑柱石、第九は黄玉石、第十は翡翠、第十一は青玉、第十二は紫水晶であった。（黙示録二一：一〇—二〇）

側面板

側面板の形式は正面板背面板とおなじアーチ形だが、高さ幅ともにやや小さい。

ここでは十一の大きな宝石が、中列に三個、左右に四個ずつ、あるいは上部下部に三個、中央に五点形でならんでいる。

ここでもまた緑青紫の象徴色彩が、三角形、五点形、四角形にならんでいる。

大きな宝石は十一あるのに対して、中央のエメラルドをめぐって十四の宝石と五十八の真珠が、すなわち合計七十二の宝石と真珠が配置されている。これは両側で72×2＝144＝12×12となる。

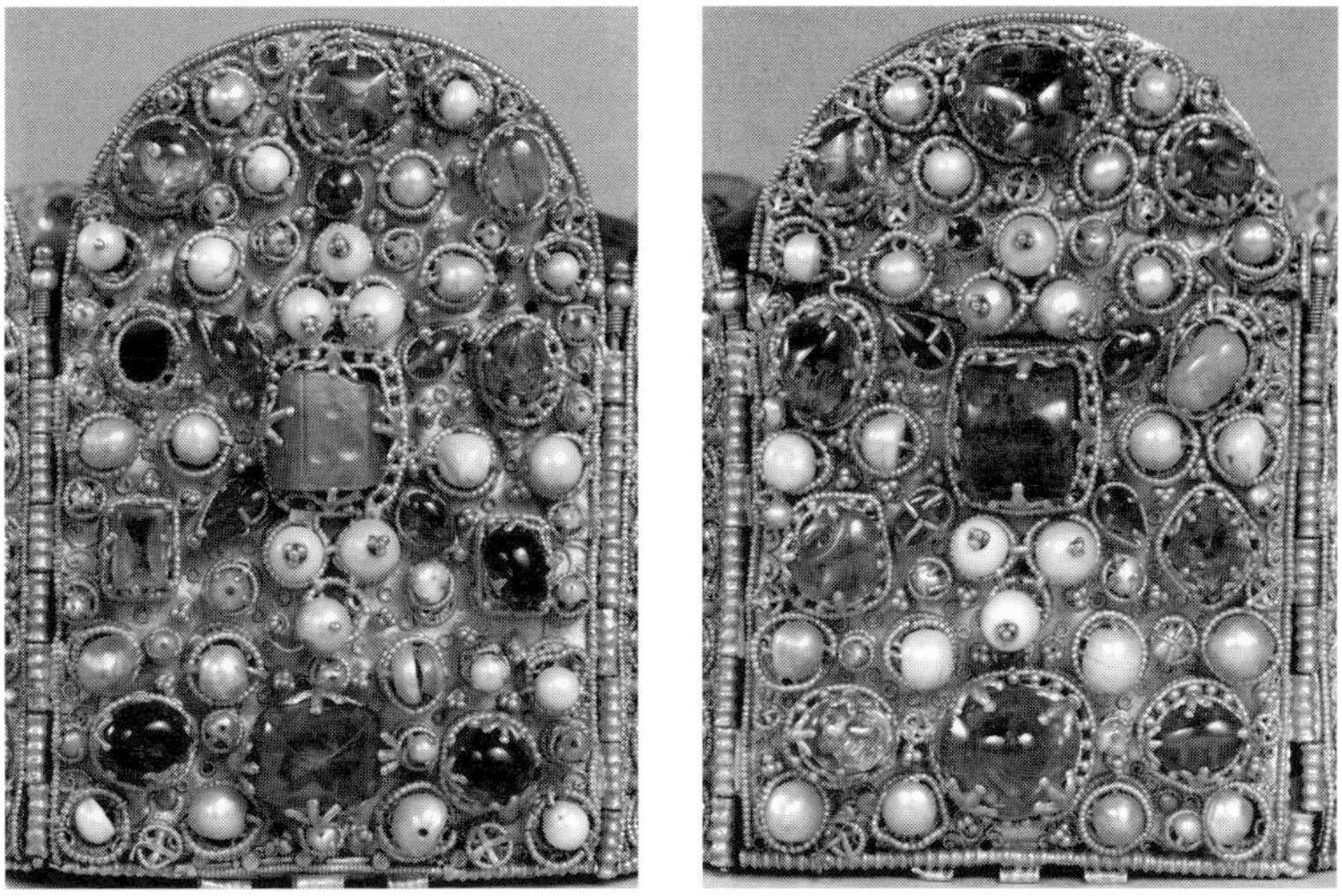

帝国冠　側面板

まず十一は霊力をあらわす。側面板の十四の宝石は14＝7×2であり、救難聖者の数であり、七は知恵の七柱である。

七十二は中世ではヤハヴェの名の字母であり、司祭の上着の小鈴の数であり、福音書を七十二の言語でつたえる七十二の若者である。

デッカー＝ハウフは、この二枚の側面板のヨハネ黙示録との決定的な関係を指摘して、以下のように述べている。

この装飾は一見無秩序にみえるけれども、この二面は細部にいたるまで一致している。

中央の大エメラルド、四つのハート型のルビー、六つの三葉型にまとめられた大真珠、七つの赤い宝石の環状の配置、八つの真珠による細身の八角型、十個の大サファイア、十二の真珠による縁取り、二十四の小ルビーによる縁取り、これらについてはヨハネ黙示録がきわめて明瞭に説明する。

ヨハネ黙示録はその第四章二―七節で神の壮大なヴィジョンを展開し、これはこの黙示録の主題の最初の頂点となる。天国の中央には神が御座に坐し、その御座の光輝と色彩が「緑玉《エメラルド》のような、虹のような」と記される。この御座をめぐって四つのいきものが、すなわちエゼキエルによる天使、獅子、牡牛、鷲が傍侍し、それをめぐって「七つの炬火がもえ、これは神の七つの霊である」とする。さらにこの御座のまわりには「ガラスの海」がひろがり、その水は碧玉《サファイア》の色、その十という数値は充足の数値であり無限の「海」であった。御座の周囲はそれを支持する二十四の長老の座があり、十一節の永遠の祈禱と永遠の讃美の節につながるものであった。

この側面板の宝石と真珠による装飾は、このわずかな数節で説明され、エメラルド＝御座、ルビー＝四つのいきもの、七つのルビー＝七つの炬火、十のサファイア＝ガラスの海、二十四のルビー＝二十四の長老となるのである。これによって側面板のすべての宝石は説明され、真珠については、三葉型にまとめられた六個が御座に傍侍し、八個は細身の八角型に並べられ、十二は外縁に並べられたと考えられる。

さらにまたこれは、黙示録の後半の、第二十二章によっても説明が可能である。すでに中世の聖書解釈でも、この第四章と第二十二章の対応は知られていた。

神の御座からは生命の水が流れだし、それによる「生命の木」が御座の「両側に」伸び、「それは月ごとに十二回果実をつけ、その葉は異教徒の癒しとなるのである」（黙示録二二：二）。これによりエメラルドの両側の三葉型の真珠が説明され、金の小球の果実が十二回（各板面ごとに十二の金の小球、全体で四つの小球による十二の果実）実っているのである。「そしてこの木の葉は異教徒の癒しになり」は真珠の八角型を説明する。

この側面板は、黙示録の最初のヴィジョンと最後のヴィジョンを表示する。外縁の十二の大真珠は最終的にこの黄金板が天上の都市の黄金の地盤をあらわすことをしめし、十二の真珠は十二の城門をしめすのである（黙示録二一：二一）。宝石はすべて黙示録の三つの章（四：二―七、二一：二一、二二：一―二）で語りつくされる。これは天上のイェルサレムの写像なのである。[5]

（1）H. Trnek, 1987.（2）G. Wolf, 1995.（3）A. Bühler, 1953.（4）H. Decker-Hauff, 1955.（5）Ibid.

七　帝国冠の図像

四枚のエマイユ図像は、無限の神秘感をいざなうとともに、帝国冠にこめられた皇帝権の神権性を公示する強力な標題であるのは明白である。

この図像はあらゆる意味でこの帝国冠のイデオロギーを証言するものであり、またこの帝国冠がいつ成立したかについても、無限の証言をなすはずである。

四枚の図像板の規格仕様はおなじで、それぞれ十のサファイアと十四の真珠と金線細工がある。このエマイユ技術にビザンツの影響があるのは明白で、随所にビザンツの前例に依存しているのがみとめられる。

ダヴィデ

中央にはダヴィデがえがかれ、その上にREX DAVID（ダヴィデ王）の銘文がある。

ダヴィデはむかって左のソロモンの方に目をむけ、奉献の姿勢で胸のたかさに銘文帯をかかげ、そこにはHONOR REGIS IUDICIVM DILIGIT（王のちからは審判をこのみたまう——詩篇九九：四）と記されている。

ダヴィデはフランクの衣服 more francisco で、明青の上衣 tunica と暗青のマント chlamys を身につけ、

ダヴィデ板

右肩をブローチ fibel でとめている。これは古代ローマ皇帝の表現で、ゲルマンにうけつがれたものであった。

上衣は幅広の金のベルトでとめられ、上衣の裾には大きな宝石がついている。

また半長靴は繊細に仕上げられ宝石でかざられ、腕輪 armillae も同様である。

顔にはフランク風の髭をたくわえている。

王兜冠は十字ブリッジで、これはゲルマンのものであるが、宝石でかざられ瓔珞がついている。

ダヴィデは中世ではとくに重視された。すでにテオドシウス大帝はミラノのアンブロシウスによってダヴィデとよばれ、シャルルマーニュもダヴィデとよばれ、ロスヴィータ・フォン・ガンデルスハイムはオットー一世をそうよんでいる。

ソロモン

ソロモン板は正面板のむかって右側という優越した場所にあって、ダヴィデの子としての地位をしめしている。

中央にソロモンがえがかれ、その上にREX SALOMON（ソロモン王）の銘文がある。

ソロモンはダヴィデと同様に銘文帯をもち、そこにはTIME DOMINUM ET RECEDE A MALO（主を恐れて、悪を離れよ——箴言三：七）と記されている。

ソロモンは暗青の上衣、緑のマントという出で立ちで、これはアインハルトのシャルルマーニュ伝にあるフランクの衣服である。ベルトは幅広く大きな宝石をつけている。

ソロモンは正面板の方にではなくダヴィデ板の方に目をむけていて、ダヴィデとソロモンが特別な関係でむすばれているのを暗示する。

ソロモン（平和の王）はダヴィデ王の死後、全イスラエルの王として四十年間統治し（紀元前九六五—九二五）、イェルサレムにヤハヴェの神殿を建設した（紀元前九六二年）。ソロモンは人間の知恵の象徴であり、その王座は知恵の王座とされた。

ここではソロモンの、ダヴィデの王座の継承者としての意味が重視されている。

ダヴィデの死が近づいたとき、ソロモンの母バテシバは預言者ナタンの教示により、ソロモンをダヴィデの後継者とするという約束を思いださせた。このバテシバの主張はみとめられ、ダヴィデがまだ生きて

ソロモン板

いるうちにソロモンを王として宣言することで、ダヴィデの死にいたるまでソロモンの共同統治が成立したのである（列王記上一：五—四〇）。

帝国冠のダヴィデとソロモンの関係はアレゴリーとしてあるばかりでなく、具体的なイデオロギー的政治的意味をもつのである。

また銘文帯の「主を恐れて、悪を離れよ」は、箴言から引かれたもので（三：七）、「わが子よ、わたしの教えを忘れず、わたしの戒めを心にとめよ。そうすれば、これはあなたの日を長くし、命の年を延べ、あなたに平安を増し加える。……すべての道で主を認めよ。そうすれば、主はあなたの道をまっすぐにされる」につづく一節である。これはまさしく若い君主の統治にあたっての古典的な「君主鑑」（教育書）となっている。

これは、皇帝オットー一世がその子息との共同統治の初めにあたってしたためた訓戒と考えれば、この冠の成立は九六五―六七年ということになる。

イザヤ―ヒゼキヤ

第三の図像はイザヤ―ヒゼキヤで、むかって左側に預言者イザヤが立ち、右側にヒゼキヤ王が坐し、エマイユの上に銘文が ISAIAS PROPHETA・EZECHIAS REX（預言者イザヤ・ヒゼキヤ王）とある。

預言者イザヤは左足に体重をかけて右足をうかし、裸足は〈神の僕〉を意味する。緑がかった円光はまだらになっている。

イザヤは青い衣服 Chiton を身につけ、茶がかった上着を羽織る。

衣服は緑と金で縁取りされ、上着は明るい茶色で縁取られている。

衣服の襞はエマイユの金縁でしめされ、かなり粗く混乱している。

イザヤの顔の金縁はつよく、ふとい眉は水平に並行する金縁により、唇はふくれている。顔の色調はあらく、まだらのようにみえる。

イザヤはダヴィデとソロモンのように銘文帯をもち、これをヒゼキヤの方にむけて神の言葉をしめしている。

この銘文は ECCE ADICIAM SVPER DIES TVOS XV ANNOS（ここにわれ、なんじに十五年の寿命を付加せん――イザヤ書三八：五）とある。

ヒゼキヤはむかって右側の、宝石でかざられた王座に坐す。

イザヤ―ヒゼキヤ板

王は預言者より小さく感じられ、うごきも不安げで、腕も手も不安定な金縁と衣服の彩りのせいではかなげに映る。

靴下と半長靴は茶だが、後者はより暗色で金の革紐がついている。

衣服は明るい青で茶の斑点があり、マントは暗い青で茶が入っている。

衣服の縁は明るい茶で、腕輪はやや暗い茶である。

衣服をとめている大きなブローチはダヴィデ、ソロモンのそれと比べて、粗く仕上げられている。これは王兜冠についてもいえる。

ヒゼキヤの顔はイザヤとソロモンに似ており、とくにふとい眉の並行する金縁がめだつ。

ヒゼキヤは粗く仕上げられた右手で右頬をおさえ、細かく仕上げられた左手で胸を押さえる。

オットー一世は晩年大病を患ったが、その後十五年間存命したといい、この図像はそれをつよく暗示したものだという。

主の栄光

帝国冠の中でもっとも優越した場所、すなわち戴冠者の右額上、正面板のむかって左側はいわゆる主の栄光 Majestas Domini 板である。

中央は全能者《パントクラトール》キリストが王座に坐し、上方に銘文 PER ME REGES REGNANT（われによりて王たちは支配す——箴言八：一五）が記されている。

ここでは全能のキリスト自身がこの支配権のもととなる神の言葉を語り、全能のキリストはこの言語の主体としてしめされている。

しかし出典である箴言のなかで発言している主体はじつは〈知恵 Sapientia〉であって、「知恵であるわたしは悟りをすみかとし、知識と慎みとをもつ。主を恐れるとは悪を憎むことである。わたしは高ぶりと、おごりと、悪しき道と、偽りの言葉とを憎む。計りごとと、確かな知恵とは、わたしにある。わたしには悟りがあり、わたしには力がある。わたしによって、王たる者は世を治め、君たる者は正しい定めを立てる」とつづくのである。

この「ソロモンの知恵」からの引用はあたかも「君主鑑」のように、この帝国冠のこの位置にあって、帝国冠の〈Legende＝究極の意味内容〉を主張しているかのようである。

キリストは全能者として王座に坐している。

主の栄光板

キリストの裸足の足はクッションの上におかれ、外向きにひらかれ、膝と下肢は並行している。

右手は胸の高さで、教えと祝福のしぐさをしめし、左手は聖書をもっている。

髭はわかれ、巻髪は顔をとりまき、大きな目は正面を見すえている。

ここでは色彩も輪郭も繊細に金で縁どられている。

大きな円光は金縁で集中的に頭部をとりまいている。

キリストの衣服は明青で、マントは暗青、ともに華麗で端正で、金縁でかざられている。

この王座はヒゼキヤのそれより繊細で、主要色は暗青、明青、金で、わずかに青緑がくわえられている。

中央のキリストの左右には二体の智天使《ケルビム》が傍

侍する。

ケルビムは裸足で立ち、足下の円板は暗青緑で褐色で縁どられ四つ葉の真珠形が添えられている。顔は人間だがからだは青と緑の翼でおおわれ、翼の上端は魚嘴のように交叉している。この人物と翼の金縁どりはまことに繊細である。(1)

以上、帝国冠の図像について個別の考察をしめしたが、これらの図像全体の総合的な象徴性についてデッカー＝ハウフは、すでに引用してきた一九五五年の論文で、きわめて野心的な所説を展開している。かれは、これらのなかで主の栄光の図像が、ほかの三面とは表現が異なることに着目した。ここでは主キリストが王座にあって左右に天使をともなって表示されるが、ほかの三面とちがって人名の表示がなく、銘文 PER ME REGES REGNANT は、他の図像のように人物のもつ銘文帯に記されるのではなく、空間に記されている。ここでは銘文が図中の人物の言語として語られるのではなく、空間の言語として語られている。かれによればこの図像は、他の三面が人物の図像であるのに対して、キリストが天使を供奉させた〈映像〉なのだという。

そしてかれは、この主の栄光の図像のなかの天使を、智天使《ケルビム》ではなくあえて熾天使《セラフィム》であるとし、これは新約の主の栄光の図像ではなく、旧約のイザヤ書冒頭の、召命の際にイザヤがみた神の映像であるとした。すなわち神は御座にあって両側にセラフィムをしたがえ、イザヤは口中に燃える炭火をさしこまれることによって選別され、セラフィムはたがいに「聖なるかな」を呼びかわしているという記述をしめすもので、ここで預言者はみずからの召命の瞬間を見ているのだ、というのである。

このようにみると、帝国冠の四枚の図像はすべて旧約の主題で統一されることになり、この時代の八角体について慣例的にみられるように、右側後方のダヴィデ板からはじまって、八角体を時計まわりに番号付けることが可能になる。個々の図像がすべて旧約のそれとして系列化され綜合化されるのである。

帝国冠の四つの場面は、すなわち王ダヴィデ、王ソロモン、預言者イザヤの召命、預言者イザヤと王ヒゼキヤとなる。このようにみれば、預言者イザヤの召命が、すぐ次につづくイザヤとヒゼキヤの図像の前提になっているのが明らかになる。

銘文についてみると、第一の「王のちからは審判をこのみたまう」は詩篇（九九：四）、第二「主を恐れて、悪を離れよ」はソロモンの箴言（三：七）、第三「われによりて王たちは支配す」も同じ箴言の後部（八：一五）、第四「ここにわれ、なんじに十五年の寿命を付加せん」はイザヤ書（三八：五）によるものである。

これは各図像の人物の歴史的順序にしたがうとともに、各銘文の出典の旧約の章節の順序にしたがい、また戴冠典礼、聖務書の順序にしたがうというのである。

すなわち冠体の左側半分はダヴィデ、ソロモンという互いに向き合った旧約の二人の国王をしめし、右側半分はイザヤの主題が二回くりかえされ、預言者の二つの場面がしめされる。

王ソロモン（第二）から正面板をこえてイザヤの召命（第三）への移行は精神的にかたくつながれており、その銘文は同一の箴言からとられている。

帝国冠の図像プログラムは、国王と預言者という二つの主題に、ひとしい空間を割いている。これはこの帝国冠の象徴言語の究極の意味内容である、国王権と司祭権（皇帝権と法王権）の綜合を内在させるものである、とデッカー＝ハウフはいう。

さらにかれは、四枚の宝石板と四枚の図像板の関連性についても独自の解釈を展開する。二つの正方形を四十五度ずらして重ね合わせると八角形ができるが、これはまさに帝国冠に適合する。四枚の宝石板は四角体をなし、より低い四枚の図像板もまた独自の四角体をなしている。そして帝国冠は、この宝石板四角体と図像板四角体が相互に貫通しあって、八角体をなしているのである。

宝石板の四角体が新しい神の都市イェルサレムの平面図をなしていることは、新約のヨハネ黙示録（二一：一六）で明白である。

一方図像板の四角体は、旧約における地上的支配権の原型をしめすものである。これは皇帝権の内容と所在地をしめし、さらにローマをしめすものであったろう。

このようにイェルサレム四角体 Hierosolyma quadrata とローマ四角体 Roma quadrata は相互に貫通しあって、旧約の支配者である国王たちはローマ皇帝権の原型として表現されており、帝国冠の八角体は、このイェルサレムとローマの結合をしめす。

このデッカー＝ハウフの帝国冠の図像の象徴性についての総合的な解釈は豪快で精彩にみち、決定的ともいうべき説得力をもつものだが、じつはひとつ大きな難点がある。かれがあえてセラフィムであるとする主の栄光板の天使は四枚の翼をもつようにみえるが、セラフィムは伝統的には六枚の翼をもって描かれるのが普通なのである。この点を重くみれば、この図像をイザヤの召命の場面とするのは無理であり、この解釈全体がなりたたない。とはいえ、この帝国冠の図像全体を一つの図像として解釈しようとする試みは図像解釈学《イコノロジー》の正統な方法であり、この試みは後の研究者につよい印象を残すものである。(2)

（1）G. Wolf, 1995.　（2）H. Decker-Hauff, 1955.

八　帝国冠の神学

帝国冠の政治的芸術的存在意義は圧倒的である。中世美術史学者H・ヤンツェンは、その著『オットー朝芸術』（一九四七年）の末尾に、この文化の芸術全体を総括する存在として帝国冠をおいていう。

帝国冠は、オットー朝以来現在につたわるもっとも尊厳ある政治的象徴であり、ほぼ千年間、王朝から王朝にわたって、ドイツ史の偉大と悲惨をみちびき、今日もなお帝国財宝の中心をなしている。その光輝はドイツ皇帝の神に依拠した中世的支配権の理念と西ヨーロッパにおけるその地位の崇高性を証言するとともに、それはふるい帝国そのものの象徴であり、それをてらす主極星（主導星）であり、西ヨーロッパの国民はそれにしたがってキリスト教的理念世界にむけて、その PAX ET JUSTITIA（平和と正義）をねがい、成熟したのである。(1)

帝国冠はまた正面板上の十字架、正面の十二の宝石、八角体の冠体などから、神秘なキリスト教的象徴性をしめしているのは明白である。

こうした帝国冠のもつ精神的内容については、第二次大戦後積極的に考察がすすめられ、宝石、真珠、図像などが、聖書の言葉と関連する神学的意味を表明することが確認されてきた。

すでにデッカー＝ハウフは、一九五五年の論文で、この象徴性を総括していう。

帝国冠の標題は、いろいろなものを含んでいるが、それは第一に天上のイェルサレムの〈写像〉であり、そこにおいては過去のすべての正義が未来への希望となり、神に従う人間の歴史が回想され、イスラエルの十二の支族と十二使徒によるキリスト教の全世界への勝利がしめされ、イェルサレムとローマが、旧約と新約が、国王権と預言者が、世俗的・宗教的権力が、地上的・天上的支配がしめされるのであり、それは現実の〈signum sanctitatis 聖性の記号〉である。(2)

また神学者シュタールツは『帝国冠の神学』(一九七六年)で、これを詳述していう。

帝国冠は天上のイェルサレムの写像であるが、この天上のイェルサレムの映像は、神の国 Civitas Dei であり神の羔羊《こひつじ》の花嫁であるとともに、これはまた全世界をおおう神の〈幕屋 tabernaculum〉――「見よ、神の幕屋が人と共にあり ecce tabernaculum Dei cum hominibus」(黙示録二一：三)――であり、世をおおう〈司祭性〉をしめすものであった。このようなわけで帝国冠の正面板と背面板の十二の宝石はキリスト教的国王権の象徴であるとともに、高位司祭の胸当てとしてまた神の幕屋として高位司祭権を象徴するものでもある。すでに旧約の詩篇（一一〇：四）ではこの国王権と司祭権の綜合がしめされ、「あなたは〈メルキセデク מַלְכִּי־צֶדֶק 国王―司祭〉の位にしたがってとこしえに祭司である／主はあなたの右におられてその怒りの日に王たちを打ち破られる」とする。また新約のヘブル書でも、この国王と司祭は、キリストにおいてメルキセデクとして綜合され、キリストは「もろもろの天をとおって行かれた大祭司」（四：一四）でありまた「神によってメルキセデクに等しい大祭司ととなえられた」（五：一〇）とする。すでに六世紀のビザンツの皇帝は公式の称号として〈μελχισέδεκ βασιλεὺς καί ἱερεύς 国王で司祭〉をもちいていた。帝国冠の十二の宝石は、このように旧約の記述による高位司祭権を象徴するとともに、キリストは国王であって高位司祭を兼務する、キリストが聖俗両世界の支配者であるとする、新約のキリスト論における〈Rex et Sacerdos 国王で司祭〉という二重の職能 duplex munus の教義を象徴するのである。

　この帝国冠の十二の宝石が、旧約と新約の二重の意味を表示するのは象徴の二重性の機能によるもので、この旧約と新約の対応は、旧約は新約のキリストの事蹟を前もって表示するという標式論 Typologia による、キリスト論 Christologia をしめすものである。

　そしてこの国王でまた司祭であるキリストの二つの職能はキリストの代理者 vicarius Christi である皇帝に帰属するというのが中世初期の皇帝の神学的理念であり、帝国冠は一貫してこの神学言語を証示するものである。[3]

さらにG・ヴォルフは『ウィーン帝国冠』（一九九五年）で、帝国冠の歴史的証言の意義を考えるうえでの中心課題はその象徴性に、すなわち〈宝冠の意味内容《クローネン・レゲンデ》〉にあるとして、以下のように総括している。

オットー大帝はシャルルマーニュの伝統を受け継ぎ、みずからの皇帝の地位を聖書の国王像によって強化した。このような聖書の国王による名義化はよく知られていた。この西ヨーロッパ皇帝はビザンツのローマ皇帝 βασιλεὺς τῶν Ῥωμαίων の対立者であると自認し、皇帝は複数民族の皇帝 imperator multorum populorum でありまたフランクの国王 βασιλεὺς τῶν Φράγγων であり、〈ダヴィデの王統譜 stirps regia Davidis〉につながるものとし、ダヴィデ、ソロモン、ヒゼキヤ、そしてそれにつながるイエス・キリストという地上において比類ないダヴィデの王統譜が、その写像として、オットー朝の王統としていまここに実現されるとしたのである。これはまさにほかの時代にはみられないことであった。帝国冠はオットー朝の支配理念の出発点となる標章であり、その終着点は、アーヘンのオットー三世のためのリウタール福音書の奉献図である。ここではオットー三世が神と人間の中間者として、扁桃形の光背のなかに、文字どおり〈imago Dei 神の写像〉としてしめされるのである。帝国冠とこの奉献図は、中世のなかでもとくに中世的なこの時代の精神をしめすものであり、支配者の聖性が貫徹され、〈Otto perpetuus オットーの継続〉すなわちオットー一世、二世、三世と継続することが、神の召命が〈representatio in filiis 子らへ実現すること〉として理解されるのである。これはマインツ典礼書（九六〇年ごろ）の、「Benedic, Domine, hunc principem nostrum … quem ad salutem populi nobis cognoscimus fuisse concessum … ut per te regere incipiat, et per te fideliter regnum custodiat. 主よ、われらの皇帝を祝福し……民の幸福についてわれらの知るものはすでにかなえられ（聖なる王統譜はすでに実現し）……主によりてこの支配がはじまり、主によりてこの信仰の支配がまもられんことを」という一節のしめすところでもある。[4]

（1）H. Jantzen, 1947.　（2）H. Decker-Hauff, 1955.　（3）R. Staats, 1976.　（4）G. Wolf, 1995.

九 〈孤児〉の物語

帝国冠にとってもっとも重要な正面板の中央の最上部を占めていたのは、〈孤児〉Waise とよばれる宝石であった。しかしこれはながい歴史の中で失われてしまい、現在はハート型の灰紫色のサファイアが嵌め替えられている。このサファイアは本来あった宝石の大きさだけはなく、留金に合致していない。本来あった明るい宝石は、乳色オパール、碧玉オパールなどといわれ、いずれにせよ聖書の言葉 Jaspis（碧玉）に相当するものであったとされる。

この宝石はその位置によって主極宝石、中心宝石 Zentralsteine とされ、また皇帝の戴冠典礼において先頭にたって行列行進するものとして、主導宝石 Leitsteine とみなされた。

背面板にもこれに対応する中列第二番目の位置に第二の主導宝石があったが、やはり失われて風信石《ヒヤシント》に嵌め替えられている。この背面板の第二の宝石も本来のそれは、碧玉だったろうと思われる。これは一七六四年の皇帝ヨーゼフ二世の戴冠のときに埋め合わされた。

この帝国冠がオットー一世の皇帝戴冠（九六二年）のためのものだったとすれば、この〈孤児〉とそれに対応する背面板の宝石については、この時代にまったく記録がなく、はるか後代まで沈黙がつづくばかりである。また後世の図像表現でも、皇帝がブリッジ冠をつけているものはあるが、宝石は図式的に描かれていて、この〈孤児〉を特定することはできない。

帝国冠のこの孤児に最初に言及しているのは、一一七五年ごろバンベルクで成立したとされる『エルンスト公叙事詩』である。これは、皇帝コンラート二世の庶子エルンスト公が、皇帝に叛旗を翻したのち十字軍にくわわってオリエントへ逃亡、流浪する物語で、歴史的事実にもとづくものではない。

Ernst der edele wîgant
einen stein dar under sach,
den er ûs dem velse brach.
der stein gap vil liehten glast.
der brâhte sit den werden gast
ûz der vil starken freise.
dâ von er wart der **weise**
durch sîn ellen genant.
er ist noch hiute wol bekant.
ins **rîches krône** man in siht.

高貴な騎士エルンストは
そこ（洞窟、深淵）に宝石をみつけ、
それを岩から鑽《き》り取った。
これは明い光輝を放つ。
騎士はこの宝石を
危険をくぐりぬけて保有した。
その異常な力のゆえに
この宝石は〈孤児〉とよばれた。
この宝石はいまもなおひろく知られている。
それは帝国冠の中にある。(1)

エルンストは結局帰国して、帰参がかない安堵された。そのときかれが皇帝に贈った異郷の珍奇な品々の中に、〈孤児〉がふくまれていたのである。

中世では、宝石は特別の意味をもつものであった。その希少性、ふしぎな輝き、たたずまいや象徴性は、古代の芸術家やそれをひきついだ中世の工匠を虜にした。そしてその力には、治癒力と危険性が混ざりあっていると考えられた。

〈孤児〉すなわちギリシャ語の ὀρφανός という名称は〈瞳孔〉ὀφθαλμός が替わったとも、ラテン語の pupilla の〈瞳孔〉の意味が〈孤児〉に替わったともいわれ、この宝石もはじめは〈瞳孔〉とよばれていたのが、やがて〈孤児〉に替わったのだろうという。

ビザンツ皇帝ロマノス四世ディオゲネス（在位一〇六四―七一）は、陣営においてセルジュクに、孤児とよばれる ὃν ὀρφανὸν κατανόμαζον 驚異の宝石を奪われたという。

暗闇のなかで光を放つ瞳孔、というこの宝石のイメージは、物語や神話のなかでさまざまに結びつき、さらに千年の歴史を超えてあらわれるものであった。

一方、碩学アルベルトゥス・マグヌス（一一九三―一二八〇）はその『鉱物論』*De mineralibus* で、孤児について一章を設け、現在 nunc tempore nostro この宝石が存在していることを証言している。

Orphanus est lapis, qui in **corona Romani imperatoris** est, neque unquam alibi visus est, propter quod etiam orphanus vocatur. Est autem colore quasi vinosus, subtilem habens vinositatem, et hoc est sicut si candidem nivis candens seu micans penetraverit in rubeum clarum vinosum, et sit superatum ab ipso. Est autem lapis perlucidus ; et traditur, quod aliquando fulsit in nocte, sed nunc tempore nostro non micat in tenebris. Fertur autem, quod honorem servant regalem.

孤児という宝石は、ローマ皇帝冠の中にあって、他にはみることができないために、孤児とよばれる。それはワインにちかいあざやかな色で、さらにその中に一点の雪の光が輝きでる。この宝石はまた自ら光るもので、かつては夜中に輝いていたが、いまは暗闇では光らなくなっている。これは国王の栄光のために用いられる。[2]

また、ヴァルター・フォン・デア・フォーゲルヴァイデは独自の主張を掲げ、新しい政治的国民的意義をもたらした。

かれの箴言詩にはシュタウフェン初期の、ドイツは皇帝の国であるという自負が内在する。この〈孤児〉の物語もまた、皇帝のみがその冠に伝説の宝石として、帝国の理念をしめすものとしてとりあげられる（*Der Spielmann des Reiches Unter Philipp*）。かれはその中でこの〈孤児〉について二回言及していて、その一つは皇帝以下の弱小の王たち armen küenege ＝ reguli はただ一つの国を支配するだけなので、それゆえに皇帝はかれらを見下している、とするものである。

die cirkel sint ze hêre, die armen künege dringent dich :
Philippe, setze en **weisen** ûf, und heiz si treten hinder sich.

環帯冠は軽率で、小王たちはあえいでいる。
フィリップは孤児をつけて、かれらを背後に従える。

もう一つは一一九八年の二重選挙による不明瞭な状況で、だれが皇帝位に即《つ》くかについての言及である。

swer nû des rîches irre gê, der schouwe,
wem der **weise** ob sîme nacke stê :
der stein ist aller fürsten leitesteine.

いま帝国の状況は不明瞭で
それは、孤児を背後に付ける者に指名される。
この宝石はすべての君主を主導する星（主極星＝北極星）[3]。

この詩句については多くの解釈がある。
とくに問題になるのは、この〈孤児〉は帝国冠の正面にあるべきはずのものが、ヴァルターによればそれは背後にあって、フィリップに従う君主たちを見下しているとあることである。

帝国冠には事実、正面板と背面板に二つの主導宝石が想定されるのであって、そのどちらが本来の〈孤児〉なのかが問題なのである。

すでに述べたように、帝国冠の現状は、正面板の頂点の宝石と背面板の中列二番目の宝石が喪失代替されているが、これらの宝石は帝国冠にとってもっとも重要な働きをなしていたはずである。デッカー゠ハウフは、この二つがともに主導宝石であるとした(4)。

しかしこの想定は無理である。元来、孤児とは、ビザンツ皇帝冠の正面にあってその神権性をしめすキリストのモノグラムを付けていたとされ、ほかに比類ない単一のものという矜持からそう呼ばれたのであって、二つの孤児というのは矛盾概念である。このヴァルターの記述は戴冠典礼の最後の行列行進礼の状況をいっているのであり、ここでいう孤児は帝国冠の比喩だとの解釈もあるが、その後の記録もすべて孤児は背後にありとしていて、現在にいたるまで決着はつかない。

〈孤児〉の物語は一二〇〇年直前に、現在の帝国冠とむすびついた。

しかしこの宝石の物語のもとになる帝国冠そのものについてはきわめて曖昧なイメージしかなく、あるいはまったくイメージがなかったことがわかる。

そしてこの伝承もまたきわめてかぼそいものであった。

この〈孤児〉についての公式の言及は、一三五〇年に、皇帝ルートヴィッヒ四世・デア・バイエルが帝国標章をカール四世に遺贈した際の資財目録にでてくるのでが最初である。それはラテン語の文書ではcandidus（光輝石、白色石）とされ、カールがこれに対応して記したドイツ語の文書ではWeisse（白色石）となっている。これは孤児（Weise）が白色石（Weisse）とされたもので、この宝石の名称の基となった物語はもはやわからなくなっていたのである。

さらにこの二つの基礎資料の後には、記録はふたたび沈黙する。〈孤児〉は永久に失われてしまったのである。

この〈孤児〉はみずからの歴史をもっていたが、それは一二〇〇年直前に始まり、その後ひろく知られるようになったものの、かぎられた範囲のことであった。これについて政治的意味を語りかけたのはヴァルター・フォン・デア・フォーゲルヴァイデだけであった。皇帝も国王もこの〈孤児〉の存在について公的には、ただの一度も意識することはなかったのである。(5)

帝国冠の象徴である主極宝石〈孤児〉は幻の宝石であり、中世の永い歴史の闇のなかに光を放って実在し、それをつけた帝国冠が歴史のなかに実在することを言語によって証言したのち、中世の終末とともに歴史の闇のなかに消えてしまったのであった。

（1）B. Sovinski, 1970.　（2）Albertus Magnus, 1890.　（3）P. Stapf, 1955.　（4）H. Decker-Hauff, 1955.

（5）P. E. Schramm, 1956.

十　帝国標章の現状

神聖ローマ帝国の帝国標章は、帝国冠を中心として、戴冠標章、帝国聖遺物、皇帝衣装が付属する。これらはいずれも皇帝権を象徴する財宝であり、現在、王宮世俗財宝室に保管されているが、その用途も保管されてきた場所もさまざまである。

以下、その主要なものを列記する。

聖槍

カロリング時代　八世紀

鋼、鉄、真鍮、銀、金　長さ五〇・七㎝

このカロリングの槍は中心が鑽《き》り込まれていて、鉄釘が嵌め込まれている。

これは十一世紀にキリストの十字架の釘とされた。

槍そのものは聖マウリティウス（皇帝の守護聖者）のものとされる。

十三世紀にこの槍はキリストの脇腹をさした百卒長ロンギヌスの槍とされた。

金のカヴァーはカール四世時代のものである。

銘文　LANCEA ET CLAVVS DOMINI（主の槍と釘）

この槍は法王ハドリアヌス一世がシャルルマーニュに与えたものという。

オットー朝の時代には、最高権力者の統治の象徴であった。

これはオットー一世のレッヒフェルトの勝利とスラヴへの勝利の力となったとされ、不敗の奇蹟的力をもつものとされた。

かつては、帝国標章の最高のもので、帝国冠以上の権威をもつものであった。

帝国十字架

ドイツ　ほぼ一〇二四―二五年
台はプラハ　一三五二年
心は樫、金、宝石、真珠、黒金象眼、台は金鍍金銀、エマイユ

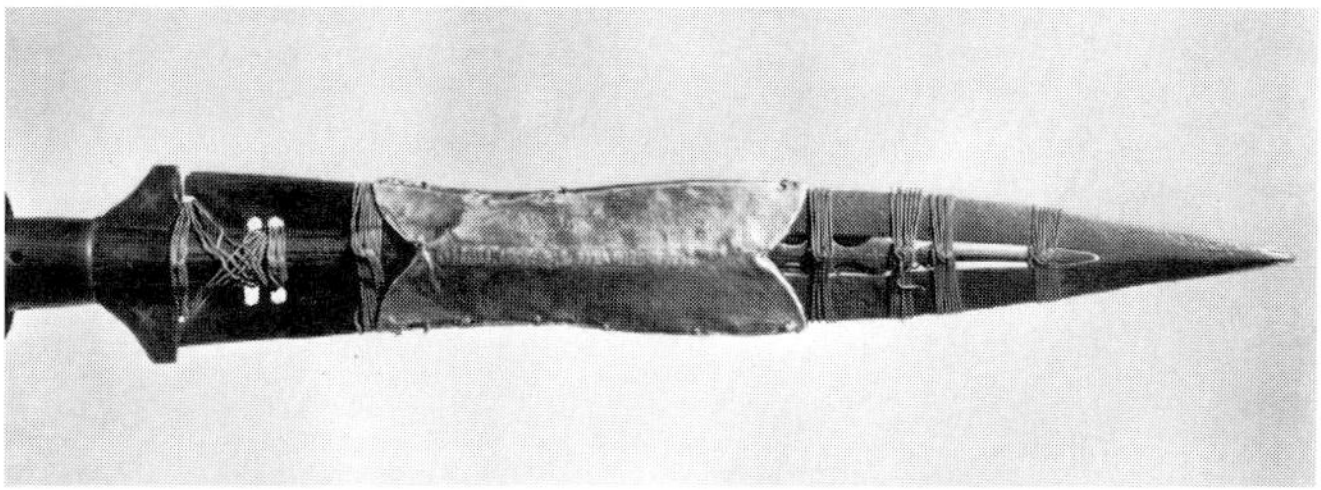

帝国槍（下は裏の銘）

高さ九五・二cm　幅七〇・八cm
これははじめ帝国聖遺物の聖遺物匣で、横木には聖槍が、縦木には聖十字架の断片が収められた。宝石の装飾は勝利の象徴である。
銘文　ECCE CRVCEM DOMINI FVGIAT PARS HOSTIS INIQVI・HINC CHVON-RADE TIBI CEDANT OMNES INIMICI.（この主の十字架のまえでは悪しき敵のやからはのがれ、それゆえになんじコンラート〔二世〕の敵対者はなんじのまえからのがれるだろう）

帝国地球儀

ケルン（?）　十二世紀末／十三世紀初　高さ二一cm
金、宝石、真珠、球心は樹脂
ホーエンシュタウフェン時代に制作されたものだが、形式は古代からの伝統によるものであ

帝国十字架（右は匣を開けた状態）〔→口絵12〕

る。

球体は世界と世界支配をしめすものである。

キリスト教の勝利ののち、頂点にたつ十字架はキリストの宇宙支配者であること、皇帝はその代理者として支配することをしめす。

上：帝国地球儀
左：帝国剣
（鍔の銘文）

帝国剣（マウリティウス剣）

鞘：ドイツ　十一世紀第二・三半期

ビザンツあるいはビザンツ式エマイユ、月桂樹材、金、エマイユ、ガーネットパネル

刀身：ドイツ　一一九八―一二一八年　長さ一一〇cm

柄頭および鍔は金鍍金、把手は銀線巻き

柄頭には帝国鷲とオットー四世（一一九八―一二一八）の紋章

銘文　BENEDICTUS DOM[INV]S DE[V]S QUI DOCET MANVS（導きの手をしめす主なる神に祝福あれ）

銘文（鍔）　CHRISTVS VINCIT・CHRISTVS REGNAT・CHRIST[VS] IMPERAT（キリストは勝利し支配し統治す）

鞘にはシャルルマーニュからハインリッヒ三世（在位一〇三九―一五六）までの十四人の国王皇帝の笏と地球儀をもつ立像の金パネルがはられている。

帝国笏

ドイツ　十四世紀前半（一三一四年？）　高さ六一・五cm　金

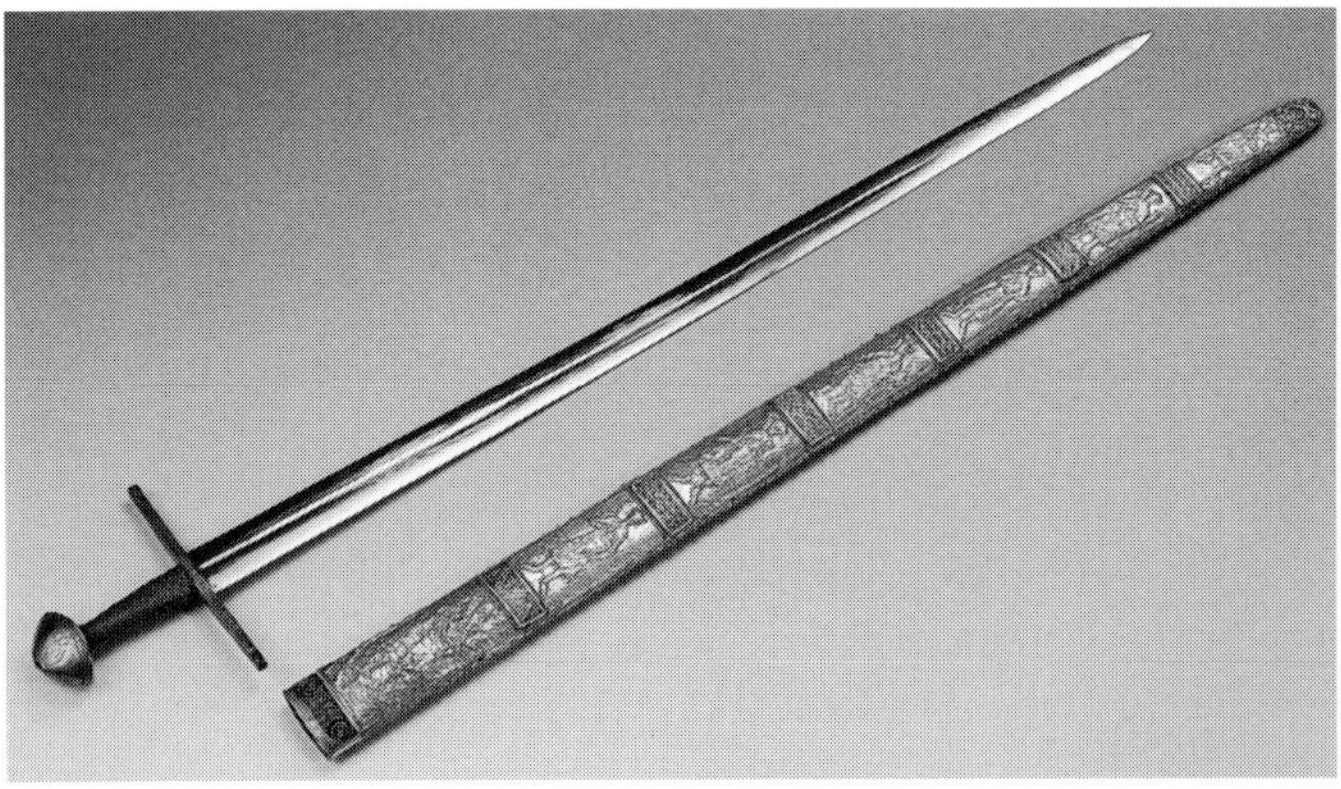

帝国剣

鍍金銀

笏柄はほそく六角中空で三つの環がある。

笏頭は六枚の様式化された槲葉で、槲実をささえている。一部破損し修復。

これは一三五〇年のカール四世への標章譲渡目録にはじめて記されている。

それゆえにこれは十四世紀前半のものと考えられ、ルートヴィッヒ・デア・バイエルの国王戴冠のとき（一三一四年）、帝国標章をまだ入手していなかったために臨時に用いたものとされる。

戴冠マント（大外套 Pluviale）

パレルモ　王室工房　一一三三／四年　幅五四二cm

このマントの表面には左右二頭の獅子がそれぞれ駱駝を襲っている。

中央に生命の樹がのびている。

マントの縁にそってつづく飾紐には古代アラビア文字 Kufisch で、一一三三／四年に国王ロジャー二

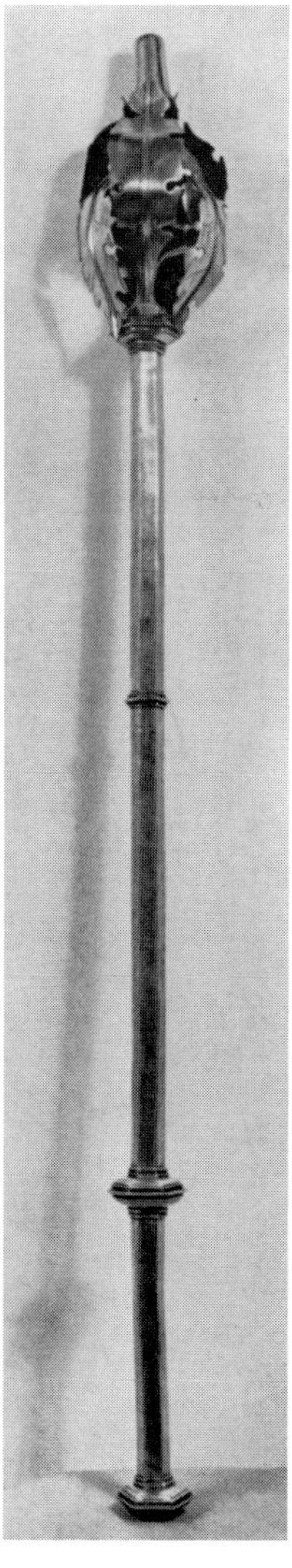

帝国笏

世のためにつくられたと銘記されている。「これは王室工房でつくられたもので、そこは幸福と名誉と繁栄と完全と卓越がたもたれている。国王は繁栄と寛大と光輝と名声と充足と希望を得られんことを。昼も夜もみちたりて終わりなく変わることなくしあわせですこやかで支持され活動されんことを。シチリアの主都五二八年（ヘジラ暦）」。これはフリードリッヒ二世のローマでの皇帝戴冠（一二二〇年）ののちに帝国財宝にとりいれられたとおもわれる。[1]

戴冠マント（部分）［→口絵13］

（1）H. Fillitz, 1954, 1986.

第二章

ボヘミア王国冠（聖ヴェンツェル冠）

（付）アーヘン・シャルルマーニュ聖遺物匣冠

一　聖ヴェンツェル冠

プラハ、モルドウ（ヴルタヴァ）河左岸、フラドシン丘上にひろがる王宮の中央に屹立する聖ヴァイト大聖堂の南面、この大聖堂の核をなす聖ヴェンツェル（ヴァーツラフ）礼拝堂の階上の王冠室に、聖ヴェンツェル・ボヘミア王国冠は七つの鍵によって封じられ保管されている。これは、ボヘミア王国の戴冠式にもちいられ、中世の聖性と美のイメージを今につたえる、おそらくヨーロッパ最美の王冠である。

これは冠頂に十字架をつけ、十字ブリッジをもつ円頂冠で、大きな宝石をつけた大きな百合花の四枚の黄金板を冠帯とする華麗このうえない威容をしめしている。

このボヘミア王国冠は、十四世紀四〇年代中頃に、皇帝カール四世（在位一三四六―七八）によって成立した。これは十四世紀のすぐれた金細工工芸作品で、一〇九〇年につくられたプルシェミスルスの王冠をもとにしたものとされる。

この王冠の主題となる大きな百合花 fleurs-de-lis はこの王冠の国際性を、とくにフランスとの関連性をつよく暗示するものである。

これは聖ルイすなわちフランス王ルイ九世の現在失われてしまった王冠と同形式のものといわれる。こ

ボヘミア王国冠（聖ヴェンツェル冠）　プラハ大聖堂［→口絵21］

の聖ルイの孫女ブランシュ・ド・ヴァロワはカールの第一の王妃であった。

聖ルイはフランスの王冠にキリストの荊冠をとりいれることによって、王冠への崇敬をたかめた。この国家標章と聖遺物の高次の統一を、カールもまたもとめたのである。

このボヘミア王国冠が外示するのは皇帝カール四世の政治的業績であり、とくに皇帝空位時代以来の皇帝選出の政治的混乱を終結させた、金印勅書 *Bulla Aurea* 制定という最大の業績の記念碑である。


革製の匣《ケース》は半球形で、円形の地に帝国鷲とボヘミアの白色獅子が印され、その下にゴシック体の大文字で、

ANNO + DOMINI + MCCCXLVII
DOMINUS + KAROLUS + ROMANORUM + REX + ET BO-
HEMIE + REX ME FECIT – AD HONOREM + DEI + ET
BEATI + WENCESLAI + MARTIRIS + GLORIOSI

1347年
主であるローマ王にしてボヘミア王カロルスは
神と光輝ある殉教福者ヴェンツエスルスを
崇めるために　われをつくる

と記されている。
これはいま、王冠室の重い扉の背後に保管されている。

これを開くには七つの鍵が必要で、それぞれの鍵は注意深く別途の人物、すなわち国王、皇帝によって任命された王冠保管官、元帥、国会によって任命された王冠保管官、プラハ大司教、大都市教区長、プラハ市長に預けられてきた。

それは秘封された存在であり、その光輝はみる機会をえたひとにおおきな感動を与えるという。

この王冠と王笏と地球儀は、第二次大戦以前はガラスケースの中にいれられて公開されていた。第二次大戦以後はこのように厳重に秘蔵されて、きわめてわずかの機会にしか公開されない[1]。

こうして王冠を秘蔵するということは、この王冠に対する畏敬が、すなわちすでに消滅しているはずの物神性とカリスマ性に対する憧憬が依然として人々の心の底に沈澱し、この象徴であり記念碑である王冠の彼方にある栄光と聖性への憧憬が無意識のうちに人々の心の底に永続していることの証しだろう[2]。

現在この王冠のレプリカは、聖ヴェンツェル礼拝堂の東側の祭壇正面に聖ヴェンツェル頭像聖遺物匣とならんで安置されている。

（1） K. Otavsky, 1992. （2） K. Schwarzenberg, 1960.

二　聖ヴェンツェル冠の現状

一三四六年初め、のちの皇帝カール四世は、ボヘミア王ヨハンの長子でモラヴィア辺境伯として、アヴィニョンの法王クレメンス六世に、聖ヴェンツェル崇拝のために新しい王冠をつくり、かつてのボヘミアの王で守護聖者である聖ヴェンツェル（ヴァーツラフ、在位九二一頃—九二九頃）の頭像聖遺物匣の上に置いてプラハ大聖堂に安置し、ボヘミア国王の戴冠式と国王の祝祭にのみこれを戴くとすると報じた。かれは、この王冠がその価値のゆえに別の意味につかわれたり抵当に入れられたりするのを恐れて法王の保護をもとめ、それは保証された。

これが現在のボヘミア王国冠である。

このカール四世時代に成立した当初の王冠の形体については、聖ヴァイト大聖堂の資財目録で知ることができる。それは一三五四年から一三八七年までのもので、この最後の年にはカール四世はすでに没していた。

最初の記録では、正面の宝石の数は、側面の宝石とおなじになっている。

聖ヴェンツェル冠　正面

そして最後の記録は、この王冠は「multa reformata de novo 新しくいろいろ変形された」としていて、これがそのまま現在の状態になっている。

この最後の記録は、この王冠を聖ヴェンツェル冠と記している。この名称はそれほどふるいのである。

この王冠は、高さ幅ともに一九㎝で、正方形の調和したイメージである。

これは四枚の黄金の百合花板からなり、それぞれが蝶番で繋がれ、その上に黄金の十字ブリッジがかかり、ブリッジの頂点に十字架がある。

この百合花板は百合の紋章によるもので、それは冠帯からたかく伸び上がっている。

これは黄金板を二枚重ねて仕上げられ、その周縁は連続的に外側に曲げられている。

百合花の先端には真珠がつけられているが、留金は十七世紀のものである。

聖ヴェンツェル冠　右側面（向かって右が前面）

真珠そのものは一三五五年の記録で言及されている。この真珠はとくに大きく、エメラルドの上にのせられて留金に留められている。

四つの百合花板には、宝石が鉢形の留金で留められ円錐形の支持管で黄金板にとりつけられている。それゆえに宝石はすべて聖杯の柄のかたちで冠からつきだし、つよい輝きをみせている。

現在の宝石の配置は、一三八七年の記録と一致しているが、それ以前はより大きな赤と青の宝石で飾られていた。現在の宝石は、二つを除いて、この十四世紀の記録どおり、突起していて、これによって色彩はとくに華麗に輝くのである。

宝石装飾のデザインは、百合花板には五つの宝石が十字架のかたちにならび、その下の冠帯部には他の宝石とは色のちがう六番目の宝石がセットされ、その両側に二つの宝石をしたがえる、というのが基本である。

この百合花下冠帯の中央の宝石は、正面と背面のそれは青く、側面では赤である。背面の冠帯では、中央の青い宝石の左右に、五つの赤い宝石による二つの十字架がかたちづくられている。

正面の百合花板の中央の宝石はきわめて大きく、その爪は宝石をつかみきれていない。その両側の宝石は四角形である。

正面の百合花の下のサファイアは、国王の額の上にあたるもので、とくに大きい。冠帯の中央に特別の宝石を飾るのは、古代ローマ的古代ペルシャ的である。異教的時代では、この額の宝石は、天上の光の写像か光そのものの流出であり、支配者に宇宙的魔術的力を与えるものであった。ここではそれは、無論装飾的モチーフにすぎない。

前面の百合花がとくに強調されているのは、この宝石の大きさによるだけではなく、この大きなサファイアの上の大きな宝石が、この王冠の唯一のルビーだからである。

他の赤い宝石は尖晶石《スピネル》で、深紅のルビー尖晶石（前面の上下と右側面）から、うす赤いバラスルビー、ワインレッドのガーネットまで、いろいろな色調のものがシンメトリカルに配置されている。

青い宝石はいずれもサファイアである。

背面下方のむかって左側の小十字架の宝石のなかの二つは、うす青いサファイアと無色の材質不明のもので、後者は下に敷いた金属箔によって赤く輝いている。

左側面の百合花の上のサファイアは緑がかったシャムのものとされる。この冠のいくつかのサファイアはシャム産、その他はセイロン産だという。

百合花板を繋ぐ蝶番の釘の頂点には赤い尖晶石がある。

これらの宝石は、背面の宝石の多くのように穿孔されて留められ、同一の工房の仕事であることが認められる。

サファイアはおおむね穿孔されていて、そのなかのとくに華麗なものは、かつていろいろな装飾に使われいろいろ流転してきたものである。しかし、どれがカール四世のもので、どれがどのような経過を経たものだかは知ることができない。


冠頂をかたちづくるのは、黄金の十字ブリッジである。

ブリッジのデザインは、冠体とは異なっている。

この四つのアームのそれぞれの上面には、華麗な宝石をつけた長方形・正方形・長方形の三枚の黄金板が蝶番で繋がれて留められ、アームをおおっている。

前後のアームの中央の黄金板には主宝石としてエメラルドが、左右のアームの中央の黄金板には尖晶石《スピネル》が留められ、それぞれの四隅には真珠をしたがえている。

その上下の全部で八枚の長方形の黄金板のうち、五枚には中央にガーネット、周囲にはエメラルドが、他の三枚には中央にエメラルド、周囲にバラスルビーが留められている。

このブリッジをおおう黄金板の二十五のエメラルドと十九のガーネット・尖晶石の把持爪の洗練された

聖ヴェンツェル冠　十字ブリッジ

手際は、冠帯の造作を凌駕している。

この宝石の配置は、この装飾が当初からあった姿をしめすもので、かつてはべつの宝飾であったことを想定させる。

すでにF・ボックはこの転用を指摘しており（一八五七年）、また最近のデザイン工芸技術の比較研究によれば、これはカールの第一の王妃ブランシュ・ド・ヴァロワが結婚の際にもちこんだ豪華なベルトだったろうとする。(1)

ブリッジの頂点には金の十字架がある。

これは中央部がくびれたラテン十字形で、ドイツ騎士修道会章やダーネブログ勲章と似ている。

この横腕の先にはバラス尖晶石があり、頂点はセイロンの卵形のサファイアである。

十字架の交点には十二世紀のビザンツのサファイアの十字架がある。

聖ヴェンツェル冠　頭頂部の十字架

この十字架の外縁には浮彫りで、「Hic est spina de corona Domini　ここには主の冠の荊がある」と記されている。

これはカール四世の王妃ブランシュ・ド・ヴァロワの祖父である聖ルイが収集した聖遺物の一部で、フランス王により、サント・シャペルの聖所から贈られたものであろう。

この王冠には、ほぼ一六五〇グラムの金が使われ、宝石と真珠で七一〇グラム、うち真珠は二五〇グラムであるという[2]。

（1）K. Otavsky, 1992.　（2）K. Schwarzenberg, 1960.

三　ボヘミア戴冠標章

プラハ大聖堂のカール四世時代の資財目録には、聖ヴェンツェル冠とともに、十字架のついた黄金の地球儀と、金鍍金《メッキ》の王笏が記されている。これらはカールの子息ジギスムントの時代に――かれはこれによって戴冠したとおもわれるが――喪失し、おそらくフス派の戦争のために費やされたのだろう。

現存する王笏と地球儀は、いずれも皇帝ルドルフ二世（在位一五七六―一六一二）時代のものである。

王笏

現在のルドルフ二世の王笏は、把手と主軸と笏頭の三部からなっている。把手の下部と主軸の両端は真珠環でかざられ、把手と主軸の上部はエマイユで飾られている。

ルドルフ王笏　プラハ大聖堂

笏頭は四つのS字形の金銀彫刻の渦巻きで、真珠、サファイア、ルビーをつけている。

主軸はこれをつらぬいてその先に月桂冠をつけ、先端は四角のおおきなルビーである。

王笏の全長は、六七㎝である。

地球儀

ルドルフ地球儀は、ウィーンのルドルフ皇帝冠（第七章参照）と似た造りで、表面は黄金の浮彫りになっている。

球体はベルトで上下に分けられている。

下部は、神が太陽と月をつくり、アダムをつくり、森の獣と天上の鳥をしめし、アダムとエヴァに楽園の樹をあたえている。

上部では、ダヴィデがサムエルによって王として塗油され、ここでも皇帝が神によって塗油され、神の望む神の民の支配者であることがしめされる。

ルドルフ地球儀　正面（右）と背面　プラハ大聖堂

これらのシーンには、ダヴィデの箴言「Domine in virtute tua letabitur rex et super salutare tuum exult (abit vehementer) 主よ、あなたの力により王はよろこび、あなたの救いに歓喜しよう」（詩篇二一：二）が銘文として彫りこまれている。

十字架の六角形のエマイユ台座は六名の女性胸像でささえられている。

ラテン十字架の上の三本の腕の先はＳ字形渦巻きでかざられ、先端と十字の角は真珠である。

十字架前面は、二つのルビーと四つのサファイアがシンメトリックにとめられている。

背面はエマイユで中央には「Deus celum regnat et reges terre　神は天上を、王たちは地上を支配す」の銘文がある。

ベルトはエマイユで、四つのルビーとサファイアが交互にならび、その間に三つずつ真珠がある。

ルドルフはこれらに過去の宝石をもちいたとされる。

地球儀の高さは二二㎝である。[1]

（1） K. Schwarzenberg, 1960.

四　カール四世の戴冠

聖ヴェンツェル冠は、ボヘミア王権の象徴でありボヘミアの歴史の記念碑である。これが象徴として内示するのはボヘミアの聖者ヴェンツェルであり、これが記念碑として外示するのはこの王冠の設立者であるカール四世である。カールはボヘミアの国土聖者の円光をもって人々の心に仰がれているのである。カールの円光は、プルシェミスルスの血を引く民族性と、ボヘミア王としてプラハを拠点として、皇帝という国際政治の中心にたったことによるのだが、帝国歴代の皇帝の中でとりわけきわだっているのはその人間的政治的性格の非ドイツ性であり、さらにはフランスと法王権との強いむすびつきと、きわめて広範な国際性である。かれは今日では、ヨーロッパ人の総合体、純正なヨーロッパ人であるといわれる。(1)

カールの性格と政策は、一貫して妥協と譲歩により目的を達成することにあった。カールはドイツの君主からは〈Pfaffenkönig 似非聖職者王〉、〈アヴィニョンの使走り〉とよばれ、のちにマクシミリアン一世からは〈Reiches Stiefvater 帝国の大継父〉とよばれたが、これらの悪罵はかれの政策の成果をしめすものにほかならない。

カール4世
没後600年記念硬貨、1978年

十四世紀初め、中世は終末をむかえていた。帝国は皇帝空位時代の後をうけて、皇帝位はハプスブルク、ヴィッテルスバッハ、ルクセンブルクと各家系をめぐって跳び跳びに流転し、二重選出と対立国王による混乱が通例となっていた。法王はフランスによってアヴィニョンに拉致され、その権威の絶対性について、全ヨーロッパには深刻な疑惑が生じていた。同時にここに西ヨーロッパという統一した視界が形成されつつあった。

カールはこうした全ヨーロッパ的な混乱した政情のなかで、みずからの究極の目的である正式なローマでの皇帝戴冠を実現し、その権威にもとづいての皇帝選出の秩序をさだめた金印勅書を制定し、これは神聖ローマ帝国のただ一つの憲法として、一八〇六年の帝国の終焉まで継続するのである。(2)

カール四世はルクセンブルク家の皇帝ハインリッヒ七世の子息ボヘミア王ヨハンと、旧ボヘミア王家プルシェミスルスの末裔エリーザベトの子息である。

かれは一三二三年、七歳でフランス宮廷に送られ、一三三〇年まで七年間そこに滞在した。これは若い王子にとって決定的な影響を及ぼし、さらにかれはこの直後、フィリップ美男王の姪のブランシュと結婚している。またこの当時のカールの教師ピエール・ロジェは後にルーアン大司教、枢機卿をへて法王ベネディクトゥス十二世となる。

カール四世は母プルシェミスルスのエリーザベトの祖先である聖ヴェンツェルの名によって洗礼されたが、その堅信では伯父であるフランス王シャルル四世の名を受けた。当時パリではシャルルマーニュを敬慕するシャルルマーニュ崇拝が盛行していた。カール四世のシャルルマーニュ崇拝もまた、このフランス宮廷での七年の滞在から始まったとされる。

カールは六回戴冠した。ボンとアーヘンで二回ドイツ国王として(一三四六、四九年)、プラハでボヘミア国王として(四七年)、ミラノでイタリア国王として(五五年)、ローマで皇帝として(五五年)、アルルでブルゴーニュ国王として(六五年)戴冠したが、帝国の支配者にとってただ一つの、すべての称号の総合はむろん皇帝のそれであった。

かれの戴冠は、いずれもみずからの支配者としての生涯の結節点であったが、その最初の重要なそして困難な課題はドイツ王冠の獲得であった。

一三四六年六月十一日、カールは法王庁とフランスの政治的支持のもとに、七人の選挙侯の中の五人によって、ライン沿いのレンゼで、皇帝ルートヴィッヒ四世・デア・バイエルがまだ存命中に、ローマ王(ドイツ国王)に選出された。当時通例の二重選挙であり、対立国王である。この年、カールは父ヨハン盲目王とフランスへ出兵した。クレシーの戦闘で黒太子《ブラック・プリンス》の率いる長弓隊によって粉砕されたフランス騎士団の中に二人はいたのである。この戦闘でカールの父王は戦死し、カール自身も戦傷を負うた。一三四六年十一月二十六日、カールはボンで、ケルン大司教によって聖油をうけ戴冠した。このボンにおける〈緊急戴冠〉は通常の盛儀なしに行われた。

カールは、これについで、ボヘミア国王として戴冠した。一三四七年九月二日、プラハ大聖堂において、プラハ大司教エルンストによって塗油され、新しい聖ヴェンツェル冠によって戴冠し、妃ブランシュ・ド・ヴァロワもそれにしたがった。

カールは、ボンという正統でない場所での戴冠という不備を補うために、三年後アーヘンでの再度の戴冠を意図した。この間に皇帝ルートヴィッヒ四世は一三四七年十月に没し、三十年来はじめて、ドイツにおいて諍う余地のない国王が出たのである。

この、皇帝ハインリッヒ七世の孫として、アーヘンというシャルルマーニュの都市での戴冠は、西ヨーロッパの皇帝権の設立者でありまさしくキリスト教的支配者の高貴な模範像との合一を意味するものであった。

カールは一三四九年七月二十五日、その第二の妃アンナ・フォン・デア・ファルツはその翌日、トリーア大司教バルドゥイン・フォン・ルクセンブルクによって戴冠した。カールはこうしてアーヘンのシャルルマーニュの石の王座に登ったが、このシャルルマーニュこそはドイツの国王の伝統的支配権の基であり、カール自身が改めて名乗った命名聖者であった。

かれはかつてプラハ大聖堂に、かれの最初の命名聖者であり、また母方のプルシェミスルスの家系の祖先である聖ヴェンツェルの冠(ボヘミア王国冠)を寄進したが、このアーヘン聖堂でもまた、シャルルマーニュ聖遺物匣冠を寄進した(次節参照)。

一方、帝国冠、すなわちいわゆるシャルルマーニュ冠は、他の帝国標章とともに、前皇帝ルートヴィッヒの遺贈として、一三五〇年、ミュンヘンで正式にカールの使者に交付された。

帝国冠はこのカール四世のシャルルマーニュ崇拝によって決定的にシャルルマーニュに付会され、帝国冠はながくシャルルマーニュ冠とよばれるようになり、シャルルマーニュ神話を具現する存在となるのである。

カールは、すでに一三四六年のローマ(ドイツ)国王への選出の後に、皇帝戴冠を意識していた。かれは一三五四年、はじめてローマへ出発した。カールにとってイタリアの王冠は、皇帝戴冠の前提として不可欠のものであった。「われわれは、ミラノの聖アンブロシウス聖堂で、帝国の三つの冠の一つである鉄冠を戴冠することを意図しており、これはわれわれの先行者であるローマ王たちが第二の戴冠とした前例によるのである」とカールは法王の戴冠特使に記している。三つの冠の概念はすでに普及していて、インノケンティウス六世は、銀冠はドイツの、鉄冠はロンバルディアの、金冠は皇帝としての、カールの支配権の神秘的意義を付与するものだとした。

カールは式典をすべて祖父ハインリッヒ七世の伝統にしたがい、一月六日の同じ日に行い、ハインリッヒが自己の戴冠のためにもちいた鋼鉄冠をそのままもちい、戴冠典礼もハインリッヒのそれにしたがった。

カール4世と帝妃アンナ・フォン・シュヴァイドニッツ
カールシュタイン城の壁画、14世紀

ローマへのさらなる進出と皇帝戴冠については、一貫した目撃記録が残っている。注目すべきはその短かさで、カールはたった一日しかローマに滞在せず、これは法王に保証した政治的日数であった。

一三五五年四月五日復活祭の日曜日、カールは法王の代理枢機卿によって、聖ペトルス大聖堂で聖油をうけ戴冠し、おなじようにカールの第三の妃アンナ・フォン・シュヴァイドニッツも聖油をうけ戴冠した。この戴冠式のために、ローマの戴冠典礼は一部変更され、すべてはアヴィニョンの法王のかわりの戴冠特使が実施した。

カールは、ティボリで、ハインリッヒ七世の前例にしたがい、戴冠の総括として、その地の帝国領において三日間の皇帝陣営をしいたが、かれ自身はここに一日だけとどまり、いそいで北にむかい、困難の中をその道を辿った。これについては同時代者も後の歴史家も、かれの態度は皇帝的でなく、皇帝として支配する意志がないと非難している。ペトラルカはかれについてはげしく幻滅し、「なんじは鉄冠を自家のために持帰り、金冠を帝国の虚名とともに持帰った。なんじはローマ皇帝と呼ばれても、しょせんただのボヘミア王にすぎない」としている。これに対するカールの反応は知られていないが、とにかく当初の目的は達成したのであり、またこの一連の象徴的行動で完全に善意の皇帝という評価をえたことは、政治的にきわめて聡明な行動であった。かれはおおくの先行者たちと異なって、流血によらず、法王との調和により戴冠し、これによってイタリアに帝国を記憶させ、アルプスの北方における尊敬をえることに成功した。この皇帝戴冠という最高の聖別化の儀式に基づいて、かれは翌年から大いなる立法、すなわち金印勅書制定の作業に着手するのである。

カールは六番目に、アルルにおいて、フリードリッヒ・バルバロッサの前例(一一七八年)にしたがい、ブルゴーニュ国王として戴冠した。これは帝国の西部境界をフランスに対して保全するものであった。それは一三六五年六月四日、アルルの聖トロフィムス聖堂で実施された。アルラート国王 rex Arelatensis の称号が確認された。

カールの戴冠には、政治的祝祭的宗教的動機が分かちがたくむすびついている。〈冠〉という概念は、十二世紀以来ヨーロッパにおいて新しい意味をえており、国王個人を超えて永続する王権のイメージとなった。これは聖王崇拝によって支配権の連続性への要求にこたえ、国家概念の最初のステップをあらわすものであった。(3)

(1) O. v. Habsburg, 1978.　(2) F. Seibt, 1960.　(3) P. Hilsch, 1978.

五　シャルルマーニュ崇拝とアーヘン・シャルルマーニュ聖遺物匣冠

中世のシャルルマーニュ崇拝 cultus は、フリードリッヒ一世の主唱による一一六五年のシャルルマーニュの叙聖請願とかれみずからの銘文のあるバルバロッサ・シャンデリアの寄進、フリードリッヒ二世による一二一五年のシャルルマーニュの遺骨の聖遺物櫃への改葬とみずからの手による秘封などが知られる。これにつづくものとして、カール四世のつくらせたシャルルマーニュの胸像聖遺物匣は、十四世紀のシャルルマーニュ崇拝のもっとも重要な証言となるのである。

現在、アーヘン司教座聖堂財宝室に収められているシャルルマーニュ胸像聖遺物匣は、金鍍金した銀製で、その頭上にはおなじく金鍍金の銀製の環帯冠が、さらに金鍍金の銀製の細身で大きく弧をえがくハイブリッジをつけて安置されている。

この冠は聖遺物匣にピッタリと合致し、とりはずしが可能である。

この冠は、かつては対立国王リチャード・オブ・コーンウォール（ジョン欠地王の次男）が十三世紀にもちこんだものとされ、とりはずしのできるブリッジは十四世紀に付加されたとされた。

しかしこの聖遺物匣冠の成立年代については、その工芸技術の点からは異なる評価が可能である。シュタウフェン時代の冠はその冠帯が金線透彫による蔓、葉、人像、動物で編み込まれているのに対して、このアーヘン冠は平板である。ここでは宝石は金細工の網地におかれているのではなく、管状の把持爪によって冠帯からつきだしている（本書第五章参照）。これはカール四世が王権確保のために従来のプルシェミスルスの王冠を基にしてつくらせた聖ヴェンツェル・ボヘミア王国冠と、性格、技術、様式ともに一致する。百合花の冠帯と、またとくに宝石把持爪の突出した形式は、このアーヘン聖遺物匣冠がプラハ由来のものであることをしめす。このアーヘン聖遺物匣冠は、ボヘミア王国冠と十年とはへだたっていない。すなわち、これを十三世紀のものとすることはできない。さらに、これはボヘミア王国冠と同時代のものであるばかりか、とくにカール四世のために制作されたものであることがみとめられるともいう。また最近では、これは、カール四世が一三四九年七月二十五日、帝国冠なしで戴冠したさいにすでに私家冠として保有していたものとされる(1)。

このアーヘン聖遺物匣冠は、カール四世によってアーヘン司教座聖堂に贈られ、おなじくかれの寄進によるシャルルマーニュ胸像聖遺物匣の頭上におかれた。一方、ボヘミア王国冠はヴェンツェル聖遺物匣の上におかれたのである。

またこのアーヘン聖遺物匣冠は、宝石数についてはボヘミア王国冠と異なり、帝国冠とおなじ十二数値の複合がみとめられる。

シャルルマーニュ胸像聖遺物匣
アーヘン大聖堂［→口絵23］

上：シャルルマーニュ聖遺物匣冠［→口絵24］
下：シャルル5世の祝宴
左より2人目がカール4世、シャルル王をはさんで子息ヴェンツェル
『フランス大年代記』、1380年、パリ、国立図書館［→口絵22］

ブリッジについては、十四世紀ではただ皇帝カール四世だけがこれにこだわったとされる。このブリッジはきわめて高いのが目につく。この冠帯の孔からみて、内部に聖職者冠がとめてあったとおもわれる。皇帝聖職者冠はハインリッヒ七世からくりかえされ、カール四世はつねにこの姿で表現されている。それは聖職者のように双嘴 cornua を前後にむけるとともに、左右にもむけられた。十四世紀においては聖職者冠はふるい時代とは異なり高くなっていたために、ブリッジは高くされたのである。

このアーヘン聖遺物匣冠は、また実際にも使用された。

一三七七年から七八年にかけて、カール四世は子息ヴェンツェル四世をつれて最後のパリ訪問を行った。フランス王シャルル五世は祝宴をもよおし、その光景は『フランス大年代記』*Grandes Chronique de France*（一三八〇年）にえがかれている。ここにえがかれたカールは、あきらかにこのアーヘン聖遺物匣冠をつけている。それはこの細身の冠帯と百合花装飾と、なによりもこのきわめて高い、さらにその中部が冠帯の直径をこえてのびあがる華麗な細身のブリッジから特定される。ここではカールは冠の下に司教冠をつけず、直接この聖遺物匣冠をつけている。画家はこの祝宴の実況を目にしたわけではないだろうが、このアーヘン聖遺物匣冠をみていることは確実である。

またこれはカール四世の次男ジギスムントの戴冠にもちいられ、サヴォイアの使節は、大司教は coronam de capite Karoli Magni（シャルルマーニュの頭上の冠）をうけとり国王の頭上においたと報告し、またエイギル・フォン・ザッセンは、ジギスムントは mit der cronen of kiser Kals hupt（シャルルマーニュ皇帝の頭上の冠）をつけて福音書を読誦したと確言している。(2)

シャルルマーニュ胸像聖遺物匣

この胸像聖遺物匣は、金鍍金の銀製打出しで宝石で飾られ、その頭部には皇帝の頭頂骨 cranium がそのままの形で収められ、聖遺物は〈現実〉の頭部となって皇帝が現存するさまをしめし、「この聖遺物と聖遺物匣は内容と形式が完全に一致した」(3) とされる十四世紀ヨーロッパ金工芸術の傑作である。

この胸像がプラハでつくられたことはまったく特定できないが、アーヘンでつくられたことについても証拠づけられない。

P・E・シュラムは、「このシャルルマーニュ胸像聖遺物匣には、カール四世の紋章であるボヘミアの獅子も帝国鷲もなく、かれはこの制作のために黄金を提供したか費用をだしただけだろう」(4) としている。しかし実際にはこの胸像には、帝国鷲がシャルルマーニュの紋章として胸像の胸部を飾り、フランスの百合花が胸像の台座を飾っている。この台座は後世のものだが、従来の百合花は踏襲されたとする。

このシャルルマーニュ胸像聖遺物匣の鷲と百合は、右側に帝国鷲の半身、左側にフランスの百合花の半身を合わせもつシャルルマーニュの〈まぼろしの紋章〉(一四〇〇年頃) を先取りするもので、それはカール四世の意図、すなわちフランス王家とつねに密接に関連しながら独自の政策をつらぬこうとする意図をしめすものであった。

アーヘンのシャルルマーニュ胸像聖遺物匣は、カール四世の王冠 (アーヘン聖遺物匣冠) にあわせてつくられたものであることは明白であり、神聖ローマ帝国とフランス王国の紋章を同等に表示し、またこの王冠はシャルルマーニュの頭上に戴かれることによって、シャルルマーニュの王冠としての光輝を保有することになったのである。[5]

（1）P. Hilsch, 1978.　（2）P. E. Schramm, 1956 [PES 38].　（3）E. G. Grimme, 1972.　（4）P. E. Schramm, op. cit.

（5）H. P. Hilger 1978.

六　金印勅書の戴冠典礼規定

一五〇三年、錠前工匠ゲオルク・ホイスと銅鍛冶工匠ゼバスティアン・リンデンアストは、カール四世によって一三五〇年代に設立されたニュールンベルク中央広場《ハウプトマルクト》の聖母聖堂の正面に、七人の選挙侯の彩色の人形像サイクル Männerleinlaufen を完成させた。

このとき以来、毎日十二時になると、この七人の選挙侯の人形像は正面をむいて帝座に坐すカール四世のまわりを三度まわって宮廷的なマナーで表敬する。この人形像は、この時代の、皇帝と選挙侯のイメージをしめすものである。

金印勅書 *Bulla Aurea* は、帝国八〇〇年の唯一の憲法である。この名称は、七つの写本に付けられた金の印章に由来する。

この金印勅書こそは、皇帝選出と帝国議会の儀式の詳細な規定であり、選挙侯についての帝国における全権利といくつかの平和保証の重要な規制の決定的な公布であり、皇帝の尊厳権において記述された法律であり、一三五六年、ニュールンベルクとメッツで、臣下によってありがたくまた異議なく承認されるべ

ニュールンベルク　聖母聖堂の人形像サイクル

きものであった。

皇帝カール四世による金印勅書は、ドイツの国王選出の法律と儀礼を確立し、それによって以後四五〇年にわたってドイツ王国と帝国の形式と命脈を、この帝国の歴史の後半をつくりだすのである。

いまやカールは、皇帝の支配理念を再現することによって前向きの姿勢にたち、ドイツの支配者たちのヨーロッパ的要求を無視することなく、皇帝として世界とキリスト教の世俗的首長 temporale caput mundi seu populi christiani（金印勅書、第二章）であることをしめそうとした。

この世紀のドイツ国王の中の現実的政治家は、自家の所領の世襲化を意図し、いわゆる〈私家権〉に目をむけていた。一二五〇年のシュタウフェンの没落から一三四六年のカー

金印勅書
ウィーン、オーストリア国立公文書館

ル四世のドイツ国王選出までの百年間は、選挙侯たちは意図的に世襲相続を避けてきた。この時代のドイツは、それに先立つオットー、ザリエル、シュタウフェンの三王朝がそれぞれほぼ百年間支配できたのに対して、文字どおり選挙過程の偶然性と生命運に支配されていた。これはヨーロッパの他の君主国と比較してみれば、たとえばフランスではカペー王朝が十世紀から十四世紀まで一貫して継続しているのをみれば、中世後期におけるドイツ王権の弱体化の必然性は明らかである。

一二五〇年から一三四六年の〈跳び跳び〉選挙においては、しだいに選挙侯委員会が成立し、王権を和解妥協の機会にすることが学ばれた。

七選挙侯
ボヘミア王（皇帝）を中心に、聖職／世俗選挙侯が左右に三名ずつ配されている
金印勅書（ヴェンツェル写本）、1400年、ウィーン、オーストリア国立図書館

いわゆる七人の選挙侯は、ドイツ帝国君主のなかで宗教的世俗的に独自な選良であるが、この選定の基準は今日なお明瞭にはならない。

三人の聖職選挙侯、マインツ、ケルン、トリーアは、もっともふるい三つの大司教座を預かる、高位聖職者のなかでも最高位にある者たちである。世俗選挙侯の選定はより困難であったが、四名中、一人は帝国西部から、三人は帝国東部から選ばれた。すなわち西部の小地域ではラインラントのファルツが選ばれ、東部からはより大きなブランデンブルク、ザクセン、ボヘミアがこれに対抗した（第四章）。ふるい伝統をもつバイエルンは多少の経緯ののち除外された。

皇帝座が空位のときは、マインツ大司

選挙侯の行列
トリーア大司教、世俗の三選挙侯のあとに、ボヘミア王（皇帝）と帝妃がつづく
金印勅書（ヴェンツェル写本）

教により選挙が招集され（第一八章）、七選挙侯は、本人が出席するかあるいは厳密な規定による代理者が出席した（第一九章）。

選挙はフランクフルトで実施するとされ、選挙侯相互、帝国都市、領邦君主が、運営を保証した。選挙は三カ月以内に実施さるべきとされた。

あたらしく選出された国王の戴冠は、ふるい国王法にしたがって、アーヘンで、すなわちシャルルマーニュの墳墓において行うとされた。これは一五六二年まで順守され、以後はフランクフルトで行われた。

最初の国会はニュールンベルクで招集されるとあり（第二九章）、この三都はこうしてふるい帝国の秩序機能をしめしながら、いずれも主都とはならなかった。

金印勅書はまた世俗選挙侯に長子相続制と選

挙侯領の不可分を課した。この二つの規定は、以後、選挙侯領の明白な安定とそれ以外の君主領と支配権に対する優越性をあたえた。

この選挙実施の規定には、数十年来の、法王の認可については一言の言及もない。この〈無言の政策〉にはむろん発言がさしこまれているが、法王庁の要求には法的な力はなかった。

カールはまた、選挙侯が毎年参集して帝国運営について〈相互の自発性において〉（第一二章）助言をうける機会を提供した。これは、封建制の良好な運営ということで、実際には実現しなかったにせよ、〈帝国史の星の時間《シュテルンシュトゥンデ》〉といわれた。

金印勅書は、選挙実施のための法的規定、選挙侯の特権、君主の地位をしめすものであるとともに、皇帝と選挙侯の行列行進礼の儀礼化を記した唯一のもので、これはこの帝国の儀礼的性格をそのまましめすものであった。

三名の大司教には、過去の大宰相の称号が再現され、ボヘミア王は掌酒長、ライン・ファルツ伯は大蔵相、ザクセン公は大元帥、ブランデンブルク辺境伯は侍従長の称号が再現された。これはザクセン朝にさかのぼるゲルマンの君主の職制である。

皇帝は、意図的に、ながい慣例と習慣を記述したうえで、くりかえし、選挙侯を帝国の柱でありその身体の部分でありその尊厳の共同保有者であるとしながらも、また選挙運営、儀礼的宴会、祝祭的行列行進を議定することによって、戴冠した国王と選挙侯の地位の差を明瞭にしめした（第二一、二二、二六章）[1]。

さいごに以下、金印勅書のなかの行列行進のあり方とそこで捧持される戴冠標章の記述をしめす。(2)

ここでいうアーヘン冠はいうまでもなく現在の帝国冠であり、ミラノ冠はその当時のモンツァ鉄冠である。これはハインリッヒ七世がつくらせた鋼鉄冠で喪失し、その後入れ替わった現在のモンツァ鉄冠ではない(本書第六章参照)。

二一章　行列行進における聖職選挙侯の序列について

われわれは、それゆえに、この皇帝の永続的布告によって、皇帝あるいはローマ王とすでに任命された選挙侯との会議がおこなわれるときは、その都度、皇帝あるいは国王に対して、行列の中で帝国財宝(標章)を先行させせなければならず、トリーア大司教は皇帝あるいは国王の前面を先行し、その中間に皇帝あるいは国王の財宝を捧持すべし、と規定する。

皇帝あるいは国王が、財宝なしですすむ場合は、この大司教がこの規定のとおりに皇帝の前面を先行し、なにびともこの間に入るべきではなく、また他の二名の聖職選挙侯は、その地位と教会領邦の差と序列が、行列において保持されなければならない。

二二章　行列における世俗選挙侯の順位とだれが帝国財宝を捧持すべきかについて

皇帝あるいはローマ王とともに世俗選挙侯が(前述のように)行列行進するときの序列については、帝国議会が開催されるときは、その都度、選挙侯たちは皇帝あるいはローマ王とともに、行列のなかで、一定の所作と儀礼をしめし、皇帝あるいは国王の財宝を捧持し先行しなければならず、ザクセン公は皇帝あるいは国王の剣を捧げて、皇帝あるいは国王の直前をすすみ、中央のトリーア大司教とこのザクセン公の間に、ファルツ伯は帝国地球儀を捧持してザクセン公の右側に、ブランデンブルク辺境伯は笏を捧持してザクセン公の左側に並列してすすみ、これに対してボヘミア国王は皇帝あるいは国王の直後にすすみ、なにびともこの間に介入してはならない。

二六章

一　皇帝あるいは国王による厳粛な帝国会議が開催される日には、第一時禱の時刻に、聖職世俗選挙侯は、皇帝あるいは国王の宿所に赴き、そこで皇帝あるいは国王はすべての支配標章をつけ、各自すべて騎馬で、前述の、行列のさいの選挙侯の序列についての規定にしたがって、会議のおこなわれる場所にすすまなければならない。

また大宰相は、その職務上、銀の棒杖のうえに、皇帝あるいは国王の印璽と印章を捧持しなければならない。

また世俗選挙侯は、帝国笏、帝国地球儀、帝国剣を、前述のとおり捧持しなければならない。

トリーア大司教の直前には、第一にアーヘンの、第二にミラノの冠が捧持され、そのあとに皇帝が、皇帝の司教冠をつけてすすむ。

これらの冠は、皇帝の意にかなった、より低位の諸侯が捧持しなければならない。

二　帝妃あるいはローマ王妃は、君主の衣装で、皇帝あるいはローマ王のあとに、さらに皇帝のすぐあとにつづくボヘミア国王のあとに、適当な距離をおいて、貴人たちとともに宮女にみちびかれて、会議の場所に赴かなければならない。

（1）F. Seibt, 1978.　（2）K. Müller, 1957.

第三章

ハンガリー王国冠（聖ステファン冠）

一　伝承と歴史

ハンガリーは帝国に所属することはなかった。しかしこの国の成立は帝国の成立と直接に関連し、中世にはその隣接地としてしばしばその支配をうけ、近世には一貫してハプスブルク皇帝を国王として推戴し、十九世紀にはオーストリア＝ハンガリーの二重君主国となったのである。

ハンガリー王国冠すなわち聖ステファン冠は、一〇〇〇年におよぶ栄光と流転の歴史の後、とくに第二次大戦後の冷戦の中で長期にわたって国外にもちだされ、ようやく帰還した後、いま民族のアイデンティティーの象徴として、この国の建国一〇〇〇年の記念すべき二〇〇一年一月一日、この国土の王冠であるブダペストの、この都市の王冠である国会議事堂の、この建造物の王冠である華麗な大円蓋の直下に安置さることになった。

一〇〇一年一月一日、アルパド家のゲザ公の子、この国を征服したハンガリー人の首長ステファン（イシュトヴァーン）は、エステルゴムで王冠をうけた。

これはキリスト教的ハンガリー王国の成立であり、ステファンはその希望によって王冠をローマに求め

ハンガリー初代国王、聖ステファン（イシュトヴァーン）1世
没後900年記念硬貨、1938年

これを受取ることができたが、ここには神聖ローマ皇帝オットー三世と法王シルヴェステル二世が併存していた。メルセブルク司教ティートマール（九七五―一〇一八）は同時代の年代記で、ステファンに王冠を贈ったのは皇帝と法王の共同の意思によるとしながらも、実際に王冠を贈ったのは法王であろうとしている。

　またこの王冠の贈与についてのハンガリー側の最初の記録は、一一〇〇年ごろの司教ハルトヴィックによる聖ステファン伝説の記録で、それは法王のみによって贈られたとする。

　しかし、このローマから贈られたとする伝承上の王冠の具体的な外形については、まったく知ることができない。それはおそらく、戴冠標章の一つであるマントに刺繍された聖ステファンの肖像にみられるような、宝石と百合花のある環帯冠だったろう。

　現在の聖ステファン王冠にはこのローマから贈られたという伝承上の王冠の痕跡はまったく存在しないという

ハンガリー王国冠（聖ステファン冠）
ブダペスト、国会議事堂［→口絵25］

ことは、はるか以前から知られていた。

ここではまず、ハンガリーの歴史において、王冠という存在がいかなる役割を担ってきたかを簡単に辿っておきたい。

キリスト教的中世のひとびとにとっては、法王から贈られた王冠は、国王の権力が神に由来するということの証拠であった。

キリスト教的ハンガリーの国王たちは「神の恩寵によって」支配し、恩寵は地上における神の代理者である法王によってつたえられる。それゆえ聖ステファンの法律には、「国王の尊厳はキリスト教信仰の生きた力に基づく」とある。

ステファン王は十一世紀の末に聖者に列せられ、王冠は、宗教的円光をもつ最初の国王と最初の国土聖者への崇拝をむすびつけた。

ハンガリーの国王は、以後この王冠を戴くことによってのみ、正統な支配者であると自認し、国民もまたこの聖なる王冠を戴く者がみずからの国王であるとみなした。そしてもしこの王冠が国外にもちだされると、国民は意気消沈し困惑した。

この支配者標章に内在する力の理念は、まさしくこれを所有する支配者の正統性 Legitimität の根拠となるものであった。

この通念は、十一世紀初頭以降は帝国標章との関連性の上に展開した。

ハンガリーの王座抗争の歴史の中で、この聖なるハンガリー王冠のもつ正統性を保証する力のために、国王も、また自称の、また正統な王冠要求者も、とにかくこの王冠を所有することを目指した。エンメリッヒ王（イムレ、在位一一九六—一二〇四）の寡妃で、一二〇九年以後ホーエンシュタウフェン朝のフリードリッヒ二世の最初の帝妃となるコンスタンツァは、夫の死後、その義弟で後の国王アンドレアス（アンドラーシュ）二世からオーストリア公レオポルド四世のもとへ逃れた際にこの王冠をもちだした。これは、この支配権の象徴が国外にもちだされた最初のケースであり、かの女は、この王冠 corona regni をもってその子息の正統性を確保しようとしたのである。

アルパド朝の断絶（一三〇一年）ののちのはげしい抗争は、おおむねこの聖なる王冠の獲得をめぐるものであった。このような時代には、この聖なる王冠がたまたま敵の手中にあるときは、反対派はその候補者に別の華麗な王冠を大司教なり法王特使によって聖別させて、聖なる王冠のもつのと同じ超地上力を与えて戴冠させるという慣例がおこなわれた。

十四世紀初め、アンジュー家のシャルル・ロベール王（カーロイ・ロベルト、在位一三〇八—四二）はこうした仮設の支配者標章によって二回戴冠している。このふるい王冠のもつ象徴力は、かれに対する法王の支持と王権への適任性 Idoneität より強固であった。かれの国王としての権威は、三度目の戴冠で、最後にこの聖なる王冠によって戴冠したことで初めて公認されたのである。

十五世紀には、この王冠は二回、長期にわたって国外にもちだされた。ハプスブルク家のアルベルト王

(神聖ローマ皇帝アルブレヒト二世)の寡妃エリーザベトはその幼児と共にこの王冠をウィーンにもちだし、これを抵当として後見者フリードリッヒ三世(在位一四四〇—九三)に二十六年間預けたままとした。冠は一四九二年に、ようやく故国にもどることができた。

一五二六年、モハーチの戦闘ではハンガリーはトルコによって壊滅させられ、ハンガリー全土はトルコに占領された。その際この王冠はブラチスラヴァに逃避し、その神秘的な象徴力はまったく失われた。

一五五一年、この王冠は皇帝フェルディナンド一世(在位一五五六—六四)に交付され、それ以後はハプスブルク家のハンガリー国王の頭上を飾ることになるが、冠自体はハンガリーで保管された。

一七八四年、ヨーゼフ二世はその集権的政策のためにこの王冠を再度ウィーンにもちだしたが、その死後、一七九〇年にブダに帰還した。これはハンガリーにとっては大きなよろこびであり、このハンガリーの最初の国王の王冠に対するきわめてふるい崇敬はバロック式の華麗な祝祭の盛儀となった。

この王冠を芸術作品としてみることは、十七世紀にようやく始まった。

ペーター・レヴァイは王冠管理官として、初めて学術的観察を行った。

この個別研究は、一六一三年にアウクスブルクで出版されたが、それによればこの王冠は、エマイユ板にある「コンスタンティノス」の銘文から、コンスタンティヌス大帝の時代にさかのぼり、そのきわめてふるい冠帯が法王シルヴェステル二世によって、聖ステファン王に再譲渡されたのだという。この時代には、この冠の由来は全く見失われてしまっていたのである。

ピアリスト会神父で学識あるエレック・ホラニーは、一七九一年の著書で、この王冠は異なる時代に成立した二つの部分からなるとする最初の見解をしめした。

このとき、イシュトヴァーン・ヴェスプレミは、このギリシャ語銘文を初めて正しく解読した。

一七九〇年の王冠の帰還にあわせたこの成果は大きな関心をよびおこし、尖鋭な研究があらわれ、熱心な討論が始まった。

ペシュの大聖堂首席司祭ヨーゼフ・コラーは一八〇〇年、最終的に、この王冠は二つの部分からできていること、その〈ラテン冠 corona latina〉は法王シルヴェステルがステファン国王に贈ったものであり、〈ギリシャ冠 corona graeca〉はビザンツ皇帝ミカエル・デュカスがゲザ一世（在位一〇七四—七七）に贈ったものであることを確認した。

これはこの王冠の近代的研究の基礎となった。

十九世紀になると、アーヘン司教座聖堂参事会員フランツ・ボックは、神聖ローマ帝国のそれぞれの宝冠についての研究成果を、一八五七年、六四年、九六年に発表した。

一九一六年、第一次世界大戦の最中にあって、この王冠はカルル四世（オーストリア皇帝カール一世）の戴冠の際にひとびとの前にすがたをみせ、これはこの王国と王冠の最後の戴冠式となった。

一九三八年、聖ステファン国王の死後九〇〇年を記念して学術的研究会が組織された。

第二次大戦後一九四五年六月、この王冠は他の標章とともにアメリカ軍に接収された。

冷戦の期間中はこの王冠がどこにあるのかは、推定の域をでるものではなかった。

この王冠についての最初の公式な発表は、一九六五年、ハンガリー国民の〈特別財産〉としてアメリカのフォート・ノックスの財宝室に保管されているというものであった。

一九七八年一月六日、ハンガリー政府の返還の要求と国際的緊張緩和《デタント》の結果、国民議会議長アンタル・アプロはハンガリー国民を代表して、このハンガリーの歴史の貴重な聖遺物を、アメリカ国務長官サイラス・ヴァンスからうけとった。(1)

(1) M. v. Bárány-Oberschall, 1974.

戴冠式のカルル4世
1916年

二　現状

このハンガリーの聖なる王冠は、純金製で、エマイユ・クロワゾネの図像が配置され、宝石と真珠で飾られている。

冠帯の大きさは、長径二一・六cm、短径二〇・八cmで、完全な円形から一cm弱歪んでおり、冠の高さは十字架を除いて冠頂板まで一二・七cm、十字ブリッジの幅は五・一cmである。

これは、三つの部分からできていて、それぞれ異なった時代のものである。

上部は、十字ブリッジからなり、使徒のエマイユ像で飾られている。これがいわゆる〈ラテン冠 corona latina〉の部分である。

聖ステファン冠　上部の十字ブリッジと十字架

下部は、ビザンツ時代の黄金の冠帯であり、前面はアーチ形と三角形の透明なエマイユ板が交互に並んで冠の破風をなしている。この部分は〈ギリシャ冠 corona graeca〉と呼ばれ、後述のようにビザンツ皇帝ミカエル・デュカスがハンガリー王ゲザ一世に贈った事実がはっきりしめされている。

第三の部分は、特徴的な黄金のラテン十字架である。これは先端に球があり、厚い金でつくられ、中空である。下の球はやや大きい。これは頂点のキリスト板を貫き、ねじ釘で留められている。衝撃か偶然か、この十字架は著しく左に傾いていて、なにか悲痛な想いを感じさせる。

冠の両側にはそれぞれ四本の、背後には一本の金鎖が下がり、先端にはクローヴァー形に宝石がついている。これらは瓔珞《ようらく》 cataseistae とよばれている。

ラテン冠には、かるく膨んだ研《みが》かれた四十五個のガーネットが台留めされ、五十四の真珠が穿孔留め

聖ステファン冠　冠帯と瓔珞（背面）

されている。

ギリシャ冠帯には、パントクラトールの下に、丸みをもつ三角の膨んだ明青のサファイアが、爪台で留められている。

背面中央のデュカス板の下には、磨かれた八角形の暗青のサファイアがあり、これは冠の中で最美最高の宝石である。

横軸の両端には明るい原石のサファイアがあり、その間に二つの四角のガーネットと緑の充顚物がある。前面の破風板の上にはハート形に研かれたアメシストがあり、背後には同じく真珠があり、その間交互に原石の明色サファイアと菫青鋼玉が並んでいる。

これらの宝石はすべて穿孔され、金の釘で破風板に留められている。

瓔珞には、ガーネット、明色サファイア、菫青鋼玉、ルビー、紅緑孔雀石が交互についている。サファイア、鋼玉、大ガーネットは、いずれもインド産である。

これらの宝石は、デュカス像の下の大サファイアをのぞいて傷つき損われ、この王冠の歴史的価値に比べて物質的価値はいちじるしく損われている。[1]

(1) M. v. Bárány-Oberschall, 1974.

三　ラテン冠

この王冠の歴史的問題の中心となるのは、この冠が法王シルヴェステル二世によって贈られたという伝承であり、さらにこの冠の二つの部分が、いついかなる理由で結合されたか、十字架はいついかなる理由でこの冠の頂点に立てられたか、ということである。

上部の〈ラテン冠〉は、冠頂をかたちづくる十字形ブリッジで、金の透彫板の上に真珠と水滴形のガーネットを散らし、パントクラトールと八人の使徒のエマイユ像を縁取りする。

頂点にはキリストが王座にある全身像の四角形の板(七三×七三㎜)があり、それはギリシャ冠のパントクラトールと同一の軸上にある。

このラテン冠のキリストは、ビザンツのパントクラトールの変形である。かれはクッションのある王座に座り、左右に糸杉を従え、頭上に十字形の円光《ニンブス》を頂いている。ただモノグラムのあるべき丸枠の中には、天体のシンボルがある。

ここから四方にのびるブリッジには、それぞれ二人の使徒が上下に、ペテロ—アンデレ、パウロ—ピリ

聖ステファン冠　冠頂の図像板（パントクラトール）

ポ、ヤコブ―トマス、ヨハネ―バルトロマイと並ぶ。バルトロマイはギリシャ冠の前面のパントクラトールによってその全部が、トマスは同じように背面中央のミカエル・デュカスのかげになって、その四分の三が見えない。

このイコノグラフィーのシステムは簡単で、キリストと十二使徒の中の八名である。最初は十二使徒すべてがあったことは疑いなく、二つの冠が結合された際に、構成上、四使徒が除外されたと考えられよう。使徒たちは、ロマネスクの身体表現によって特徴化され圧迫されたブロック状の姿形で、黄金の冠帯の静かな流れの中でさらに強調されてみえる。かれらは重々しく開足で立つ。かれらの風貌はロマネスクのイコノグラフィーに従い、高い身分、大きな耳、太く真直な黒い眉、そしてその両眼は内側に寄っている。使徒板にはその名がラテンの大文字で示され、その前には $\mathrm{S\bar{C}S}$ すなわちロマネスク時代につかわれた〈聖 sanctus〉の縮小辞が付されている。

従来、この十字ブリッジは、法王シルヴェステル二世によって贈られたとされる伝承の聖ステファン冠のものだったとする先入見に支配されていた。

しかし、もしこのラテン冠が一〇八三年に聖別された最初のハンガリー国王の王冠だったとすれば、のちのビザンツ冠と結合するだけの理由で切断される（十二使徒の中で四人の使徒像は喪われている）ことがあろうか。

もしこの十字ブリッジが当初の冠のものだったとすれば、なぜパントクラトールが冠の頂点という人目につかぬ位置におかれているのか――中世の厳格なイコノグラフィーからすれば、天上の支配者は当然正面中央の位置にあってしかるべきなのに、である。

このパントクラトールはこのように二次的位置にあるばかりでなく、のちに十字架を立てるために孔をあけられているのである。

これらはすべて、天上地上の地位階層《ヒエラルキア》の重大な破壊であり、これが伝承の聖ステファン冠の一部であったという想定に、重大な疑問をなげかける。

また技術的には、さらに以下の諸点からも疑問が浮上する。

(a) この金のブリッジには、おおくの破損がみとめられ、その表面は一ミリ幅の金のかすがいで留められている。金は撓みやすく、冷却した素材にもはげしい撓みをくわえることができるにもかかわらず、このブリッジはなんらかの理由で過度に曲げられ、ひびが生じたと思われる。

(b) この十字ブリッジの内側は、二次的な転用のあとが認められる。このブリッジと頂点のパントクラトール板は一枚の板ではなく、パントクラトールの像は独立の四角板で、その四辺はブリッジにそれぞれ二本の金のかすがいで、不細工にとめられている。

(c) この十字ブリッジが包む半球は、普通の人間の頭周りより大きい。このブリッジをこれ以上曲げ込むことは不可能だが、それでも頭周りは七二cmあり、普通の人間のそれより一二cmほどながい。一九一六年のカルル四世の戴冠式の写真は、この冠と頭の間に隙間があるのを明白に示している。

この王冠は、第二大戦戦後、国外に持ちだされ、アメリカの研究者P・J・ケレハーはその機会に、実物について研究することができた(1)。

かれの研究(一九五一年)によれば、このラテン冠は従来の伝承とはまったく異なり、過去の冠の残存部ではなく、もともとは、ある福音書装幀板の一部であり、聖ステファン王となんらかの関係があり、その財宝室から持ちだされたものだろうとした。

かれは、この装幀板はほぼ一〇〇〇年頃レーゲンスブルクで成立し、聖ステファンの王妃ギゼラによってハンガリーにもたらされたと推測する。

エマイユ・クロワゾネで飾られた福音書装幀板は、ビザンツだけではなくヨーロッパの初期ロマネスク芸術ではしばしばみられるものであった。

現在の王冠をつくろうというイメージが成立したとき、聖王と関係のあった財宝室から福音書装幀板を持ちだし、ギリシャ冠と結合し、当時の最高支配者の象徴である〈円頂冠(閉頂冠)corona clausa〉を作ったのだろう、というのが彼の推理である。

その際、ギリシャ冠帯にはすでに正面にビザンツのパントクラトールがあるために、この同じ西ヨーロッパの図像は、冠の頂点に、すなわち二次的な位置に置かれたのである。この二つのパントクラトールのイコノグラフィー上の不条理は、このようにして説明がつく。

福音書装幀板上の使徒像はばらばらにされて、ひどく曲げられ、小釘とかすがいでパントクラトール像

聖ステファン冠　十字ブリッジの使徒像　ペテロ（右）とパウロ

の四辺に固定された。残りの四人の使徒は、この新しい冠に、自分の場所を見いだすことができなかった。

　この後の研究では、あるいはこれは、はじめは聖ステファン頭骨聖遺物匣にあわせてつくられた冠だったのではないかという仮説もでているが、いずれにせよこの十字ブリッジの先端はギリシャ冠帯にあわせるために撓められ、そこにあった四人の使徒がはぶかれたことには変わりがない。

　つぎの美術史的課題は、このラテン冠部分は、それ自体はいつ成立したかということであり、これは技術と様式から考証しうるところである。

　技術的には、この使徒エマイユはエマイユ・クロワゾネから全面エマイユへの移行をしめすものである。このエマイユのユニットは、普通のエマイユ・クロワゾネのとおり、黄金板に打込まれた凹みに埋込まれているが、色エマイユが全面を覆い、全面エマイユの形

同右、使徒像　ヤコブ（右）とヨハネ

になっている。

輝く金の背景は、エマイユ・クロワゾネによる美的効果をみせ、使徒の独特で強烈な姿は金の輪郭によって背景から分離される。それは美的というよりもむしろ構造的な役割をみせる。

使徒像の幅広の様式的輪郭線は、使徒像を立体的にとらえ、その完結した統一性は、その身振りや衣服末端のゆらめきにも乱されることなく、使徒像は立体感、重量感、不動感をもって、幅広の金の輪郭空間にたつのである。

つぎに、使徒像の様式である。たくましい姿勢、ひろく開いた足、特徴的な集中する目差し、突き出した耳、口の描写、これらはみな西ヨーロッパの初期ロマネスクの様式的特徴である。

これに対し、頂点のパントクラトールは普通のエマイユ・クロワゾネで、輝く金の背景の前に威容をみせている。これはビザンツの図像の影響をつよくうけている。また背景の装飾もつよくビザンツ的である。伝統的な位階装飾、ダイヤ形・同心円、東方的なライオンと鳥のペアー、これらはいずれもビザンツのよく知られたデザインである。

技術的様式的にみての二重性、エマイユ・クロワゾネと全面エマイユ、西ヨーロッパとビザンツの要素の融合、これらは、十一世紀前半にビザンツの影響のつよかった地域にその出所を求めなければならない。それは、アルプスの北側、神聖ローマ帝国の領域のなかに求めなければならない。一般的にいえば、このラテン冠は、正確な場所の特定はできないが、オットー朝芸術圏に属するものと考えるのが妥当だろう。

このラテン冠は、伝承上の〈聖ステファンの王冠〉の一部ではないにしても、その成立を聖ステファンの時代すなわち十一世紀に置くことは、歴史的様式的に可能である。[2]

（1）P. J. Kelleher, 1951.　（2）M. v. Bárány-Oberschall, 1974.

四　ギリシャ冠

ギリシャ冠の冠帯は二段構えである。

上部の正面は全能のキリスト＝パントクラトールのエマイユ板で（四七×五五㎜）、このパントクラトール板の左右には、三角と円弧の青緑の鱗模様の透明なエマイユの破風 Pinae が、左右に順次低くなりながら連なっている。この破風は側面まで至り、その後は大きな真珠にかわり、背面の図像へとつづいてゆく。

パントクラトールは十字の円光《ニンブス》をもち、クッションのある典型的なビザンツ式の王座にすわる。かれは右手をあげてギリシャ式に祝福し、左手には宝石で飾られた福音書をもつ。このパントクラトールは王座にあって、このギリシャ冠の中でただ一人全身像をしめしている。そ

聖ステファン冠　冠帯（左側面）

聖ステファン冠
冠帯正面の図像板
中央：パントクラトール（全能のキリスト）
左：大天使ミカエル
右：大天使ガブリエル

冠帯背面の図像板
中央：ビザンツ皇帝ミカエル・デュカス
左：帝嗣コンスタンティノス
右：ハンガリー王ゲザ1世

の左右には糸杉があり、その上には円形の中にキリストのモノグラムがある。

背面中央はビザンツ皇帝ミカエル・デュカス（四〇×四五㎜）で、ビザンツのエマイユ・クロワゾネで表現され、下部のコンスタンティノス、ゲザ一世と三角形をなしている。

下部は、八枚の四角形のエマイユ板と大きな宝石をつけた環帯板である。

この下部正面中央にはサファイアがあり、その左右に二人の大天使ガブリエルとミカエル、左右側面は二人の兵士聖者ゲオルギオスとデメトリオス、二人の医師聖者コスマスとダミアノスである。一方、冠帯の背面中央にもサファイアがあり、その左右は副帝コンスタンティノスとハンガリー国王ゲザ一世である。冠帯、エマイユ板、破風板は、金珠線で縁取られており、冠帯の上下の縁には真珠紐が走っている。上部の二枚のエマイユ板と破風板は、その上に宝石があり、デュカス板の上はひときわ大きな真珠である。

背面中央の皇帝ミカエル・デュカスはバストでしめされ、黒い丸髭をはやし盛装している。月桂樹で飾られた長袍 scaramangion の胸には、宝石で飾られた重い皇帝綬帯 loros が交差し、頭上には皇帝冠 stemma を戴き、背景に円光をもつ。帝冠の両側には瓔珞《ニンブス》 cataseistae を垂れ、右手に皇帝章旗 labarum を、左手に直鍔の剣をもつ。皇帝の称号はギリシャ語の銘文が赤字で「ミカエル＝キリストに信仰あついローマ（ビザンツ）皇帝＝デュカス」と記される。

皇帝の右下には、若い髭のない帝位継承者コンスタンティノスが皇帝と似た服装でしめされる。しかし

聖ステファン冠　冠帯側面の図像板　兵士聖者デメトリオス（右）とゲオルギオス

皇帝にのみ許される皇帝綬帯の代わりに、その長袍は三つに分かれた頸胸飾 maniakion である。かれは右手に皇帝章旗をもち、左手は白い執政地図をもっている。コンスタンティノスの銘文は、同様に赤字で「コンスタンティノス＝ローマ（ビザンツ）皇帝ポルフュロゲニトス（紫衣に生まれたもの＝帝嗣）」である。

一方、長髭のゲザ王はビザンツ貴族の衣服をつけ、月桂樹の装飾のある丸マント chlamys をはおり、右肩でブローチで留め、前面に市松模様の金の装飾 tablion がみえている。かれの冠は、帝室の人物とは異なり、帝冠ではなくただの環帯冠 stephanos で、瓔珞もなく、額上に宝石のある金の帯冠である。右手は上部がオメガ形の貴族の十字笏をとり、左手は皇帝ミカエル・デュカスのものと似た剣をもつ。銘文は青字で「ゲオビツァス（ゲザ）＝信仰あついトゥルキア（ハンガリー）王」である。

その他の人物には、青字で〈聖 hagios〉の縮小辞と名のみが記される。

聖ステファン冠　冠帯側面の図像板　医師聖者コスマス（左）とダミアノス

二人の兵士聖者は、巻髪で髭のない若者で、ビザンツのイコノグラフィーにしたがい、宝石のある装飾鎧、マントをブローチで留めている。かれらは右手に槍をもち、左に楯をもっている。デメトリオスは背が低くて丸顔、ゲオルギオスは長身である。

二人の医師聖者はともに、髪は黒く髭は短く、地味な衣服、マントである。コスマスは左手に棒状の、おそらく医療具をもち、ダミアノスは十字形に綴じられた巻物をもっている。

二人の大天使もまた、ゆるやかな衣服の上に宝石のある頸胸飾をつけマントを羽織っている。かれらは片手に百合の装飾のある使者杖をもち、また片手は祈りのポーズである。黒い巻髪を白い帯で留めているがその端はたなびき、これはギリシャのイコノグラフィーどおりである。かれらの形体は、一対の図式的な形の翼で縁取られている。

この十の図像中、この大天使のみ四分の三のプロフィルをしめしているのに対し、その他はすべて正面像である。

図像板の上には透明なエマイユの破風板がつく。その鱗模様は青と緑が交互に繰返され、透明な窓状である。十字形ブリッジがなかった当初の姿を考えれば、この破風板の透明なエマイユ技術は、戴冠者の頭上に栄光の美的効果を与えていたことがわかる。

〈ギリシャ冠〉の由来とその成立時点は、この冠にある肖像と銘文から明らかである。これは、一〇七四年から一〇七七年の間に、ビザンツの帝室金細工工房でつくられたと想定される。この一〇七四年は、皇帝ミカエル・デュカスの子息コンスタンティノスの生まれた年で、この冠は〈それ以後〉のものであり、一〇七七年は、ゲザの支配の最後の年で、これは〈それ以前〉のものということである。これらの肖像からはまた、この冠は、ミカエル・デュカスがハンガリー王ゲザ一世に贈ったという想定がうまれた。

この図像配置には、ビザンツ芸術のふるい伝統に従って、お互いの関係に厳格なプログラムがある。それぞれの動き、それぞれの目差しは、天上的地上的ヒエラルキアに従った意味をもつ。

正面中央には、世界の主パントクラトールが座し、その両側下部には二人の大天使が主の方に目を上げている。その左右にはさらに医師聖者、兵士聖者が、正面を見据えている。

このギリシャ冠帯の背面中央、地上的位置に、すなわちパントクラトールの下にありながら死すべきものの上の位置に、ビザンツ皇帝が硬直し前方を見据えている。その右下、コンスタンティノスは、同様に前方を見据え、左下、貴族の服装のハンガリー王は前方ではなく、右手、より高い位置の皇帝を見上げている。

この地位のヒエラルキアは、視線のほかにもいろいろの表現が用いられ、ミカエル・デュカスは〈瓔珞〉のある〈皇帝冠〉をつけ頭上に円光があるのに対して、ゲザはより下位の〈環帯冠〉をつける。それは上方が開かれた環帯冠で、瓔珞はなく、頭上の聖なる円光もない。皇帝は〈皇帝章旗〉をもち、ゲザは〈貴族笏〉をもつ。

皇帝像の銘文は帝国尚書院の規則に従い赤で記されているのに対して、ゲザは青で記されている。これによって、ゲザの王としての地位は、東ローマの帝室によって、一方的に決められていたことがわかる。

また歴史的美術史的に、さらに二つの問題が浮上する。

このデュカス冠帯は、本当にハンガリー王ゲザのためのものだったのか、という問題と、もう一つは、はたしてそれは当初から今あるとおりのものだったか、ということである。

ビザンツとハンガリーの政治的関係は、ゲザの時代には良好であった。ゲザのビザンツ崇拝は、その婚姻すなわち皇帝ニケフォロス・ボタニアテス（在位一〇七八―八一）の姪でビザンツ貴族のシュナデネーを王妃としたことでしめされ、それはハンガリーの年代記にも記されている。

しかし、美術史的研究は、この冠がゲザのものであったという国民的伝承が確認されえないことをしめした。

J・デールは、このギリシャ冠は、男性用のものではなく女性用のものであることをしめしたのである。(1)

この時代の遺例からみると、この破風状の付加物は明白に女性冠の部分をなすもので、帝妃、帝女と、帝室宮廷の服装をした女性聖者のものであることがわかる。

デールによれば、「この半円形と三角形の破風は、五世紀の後半からずっと帝妃と貴族の女性の標識であった」という。

皇帝冠と帝妃冠は十一世紀末には明確に制式化され、アレクシオス・コムネーノスが議定したように、円頂冠〈駱毛冠 kamelaukion〉は皇帝の儀式専用のものとされ、帝妃の破風冠はそのまま変わることなく、ビザンツの文化遺産を守ろうとするロシア、ブルガリア、セルビアの宮廷に広がるのである。それゆえに、このデュカス冠は女性冠であり、王妃シュナデネーのものであったことは明白である。

A・ベックラーはこのギリシャ冠の最初の姿について、この冠を、同時代のヨハネス二世コムネーノスの帝妃エイレネーの冠と、すなわちハギア・ソフィア大聖堂の南ギャラリーのモザイックにみられるそれと対比した(2)。

この帝妃のもとの名はピロスカ（プリュスカ）とよばれ、ハンガリーの聖王ラディスラウス（ラースロー、在位一〇七七—九五）の息女であった。その出生は、ビザンツの理想像とは異なった顔立ちでしめされる。かの女は、厚いブロンドの編髪のうえに高い冠をつけているが——これはとくに重要なことである——それは三角形と半円形が交代する破風冠であり、デュカス帯冠と正確に一致し、それぞれの部分の先端に真珠宝石をつけているところまで一致する。

このエイレネー＝ピロスカ冠の正面には、二つのアーチ板が上下に並び、その両側は四角の板が二列に

帝妃エイレネー　ハギア・ソフィア大聖堂［→口絵31］

並んでいる。いわばこの冠は二階建てで、さらにこの破風を加えれば、三階建てということになる。このように、当時の女性冠は皇帝冠より高く、女性のゆたかな膨らんだ髪形をきわだたせるものであった。

デュカス帯冠は、このように、最初の形は、モザイックで示されるエイレネー＝ピロスカ冠と同じものであったことは明白である。

シュナデネーとエイレネー＝ピロスカは同形の冠をかぶったのであり、事実それは議定書に則った女性冠であり、十一世紀後半にビザンツの宮廷で慣用されたものであった。この二つの冠は、五十年の期間に、同一の帝室金細工工房で作られたものであったにちがいない。そしてよりふるいシュナデネー冠は、オリジナルではあるが改変されて現在に伝わり、より新しいエイレネー＝ピロスカ冠は、本来の正統な姿をハギア・ソフィアのモザイック像として今にしめしているのである。

もちろん、両者の身分は全く同一とはいえない。一人はビザンツの帝女で後に帝妃より下位の王妃になったのであり、一人はビザンツの帝妃となったのであるが、これはさしていうに足りない。ビザンツ保護権の下にある君主の妃は、ブルガリアでもセルビアでも帝妃の下位にありながら、十三世紀十四世紀の表現では、ビザンツ帝妃とおなじ衣装で示され、その他、おおむねパレオロゴス朝の帝室の一人として描かれたのである。[3]

（1） J. Deér, 1949. （2） A. Boeckler, 1956. （3） M. v. Bárány-Oberschall, 1974.

五　歴史的背景

この王冠についての歴史の基本課題は、この王冠の二つの部分がいつ結合されたか、という問題である。〈ラテン冠〉も〈ギリシャ冠〉も、ともにそれぞれのままでは〈ハンガリー王国冠〉の意味をもつことはできず、これが結合されることによってはじめて、王国の標章としての王冠が成立するのである。それはいつのことだったのか――これはビザンツの西ヨーロッパ政策とビザンツとハンガリーの関係において考察されるべき問題である。

この結合の日付については、カラマン（在位一〇九五―一一一六）の時とベラ三世（在位一一七三―九六）の時、すなわち十二世紀初期と十二世紀末期という、二つの説が併行する。ゾルタン・トート[1]、またP・J・ケレハー[2]の見解では、このステファン冠の結合はカラマン王の時だったとする。

その理由は、カラマン王のつよい親法王政策によるもので、王はこの二つの部分を結合することによって伝説に具体的政治的事実を与えようとしたのだという。ゲザ一世とシュナデネーの子であるカラマンが、母の〈ギリシャ冠〉と〈ラテン冠〉の一部を、新しい支配権の象徴として合体させたというのである。

これに対して、モラヴチック[3]とデール[4]は、この冠の結合はベラ三世の時代であったとする。デールによれば、「この図像の象徴性がもつビザンツの主権の主張は現実の政治の頂点からズレている」という。それゆえに、確実に〈それ以後〉となる日付は、一一八〇年の皇帝マヌエル・コムネーノスの死、ベラ三世の時代だというのである。

ベラはビザンツで教育された。皇帝マヌエルは、聖王ラディスラウスの孫のベラと自分の息女マリアとの結婚を計画し、ビザンツ皇帝である自分の後継者として教育した。ビザンツとハンガリーのパーソナルユニオンは、以前から東ヨーロッパの政策を編み出し、ビザンツ皇帝が実質的にハンガリー王位を兼ねるものであった。ベラ三世は、ハンガリーの王位に上るとそれまでの立場を変え、ハンガリーとビザンツのパーソナルユニオンをハンガリー主導にする政治計画を推進した。

トーマス・ボギャイは、この王冠の結合をさらに絞って、一一八四年―八五年とする。[5]ベラ三世は皇帝マヌエルの妹との結婚を計画し、それによって簒奪者アンドロニコス・コムネーノス一世（在位一一八三―八五）に対して、みずからがコンスタンティヌス大帝の王座への正統な後継者だと主張しようとした。

このまさに特別な機会に現在の〈ステファン冠〉は造られたのであり、それは十二世紀のハンガリーの権力拡大政策を記すとともに、ハンガリーの伝承と〈ギリシャ冠〉の形によるビザンツの皇帝思想を同時に表現するものとなった。このような状況において、ビザンツ冠に対する敬意と羨望により、女性冠の破風が付加されるとともに、ビザンツの理論上の至高者の肖像が正面から背面に慎重に置換えられた、というのである。

冠の両側には瓔珞がつけられ、頂上には十字架が取付けられ、当時の世界の二人の最高支配者、すなわちビザンツ皇帝とシュタウフェン朝の神聖ローマ皇帝が用いるのと同じ、至高の冠型が造られたのである。

その際ラテン冠のブリッジは、技術的にある程度までしか撓めることができなかったために、ギリシャ冠は普通の人間の頭の周辺より大きくされなければならなかった。それゆえにこのギリシャ冠は細分され、個々のエマイユ像は新しい金の下地にコラージュされ、並べ直され、パントクラトールとミカエル・デュカスの曲った板は一段高い位置におかれたのである。ギリシャ冠はこうしてラテン冠と結合されたのである。

ベラ三世は、権力拡大政策に基づいてステファン冠の結合によりこれを意識的に支配権の象徴とし、当時の世界の二人の最高支配者、ビザンツの皇帝とローマ皇帝の冠を結合して、十字架と瓔珞のある円頂冠をつくったのである。

デールは、シュタウフェンの円頂冠がこのハンガリー冠の見本になったとし、その理由として、当時はビザンツはハンガリー王国にとってなんら危険になっておらず、神聖ローマ帝国の側が脅威になっていたからだとする。ベラは、シュタウフェンの円頂冠と似た冠を戴くことによって、これに対する独立性を証示したのである。[6]

（1）Z. Tóth, 1942. （2）F. J. Kelleher, 1951. （3）Gy. Moravcsik, 1938. （4）J. Deér, 1949. （5）Th. Bogyay, 1951.
（6）M. v. Bárány-Oberschall, 1974.

六　ハンガリー戴冠標章

ハンガリーの戴冠標章には、王冠のほかに王笏、地球儀、王剣、戴冠用マントがあり、それら一式が鉄櫃に収められている。

王笏

この王笏は、ヨーロッパで唯一の棍棒形のものである。笏頭は水晶球で、三匹のライオンがうずくまった姿で彫り込まれている。この水晶球は、技法からは十世紀エジプトのファティマ朝の文化圏でつくられ

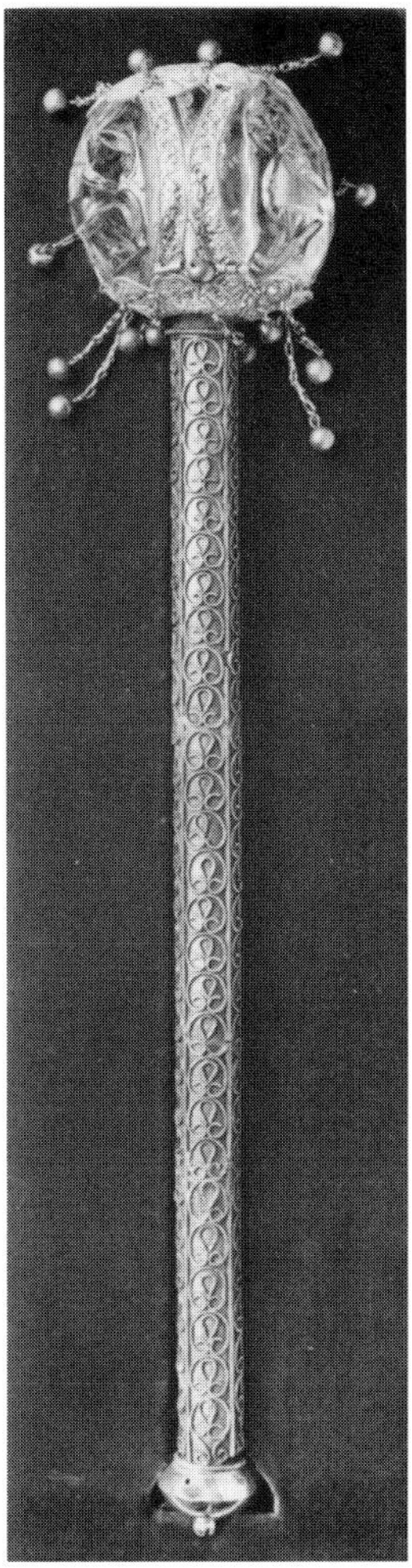

ハンガリー王笏

ハンガリー王笏　笏頭の花形板

たとみられる。この王笏は年代からみて、聖ステファン王の財宝室に属したもので、なんらかの通商路によってか、あるいは贈与として、いずれかのカリフのもとからハンガリーに来たのだろう。あるいはまた、ステファンの義兄弟の皇帝ハインリッヒ二世は水晶の愛好者、コレクターとして知られており、ハンガリー国王は皇帝から、この王笏を贈与されたのかもしれない。

現在の形になったのは十二世紀後半で、笏頭の黄金部分と主軸の金鍍金の銀のカヴァーには金線細工がほどこされている。この水晶球は、二枚の花形板と二重の留金で把持されている。表面のほそい金珠線による金線細工のデザインはパルメットである。

上の花形板の中心には組紐文があり、その魔力は中世においては不幸を防ぐはたらきがあるとされた。把手についた短い鎖の小球もおなじで、その響きが悪霊を遠ざけるとされた。主軸はくるみ材で、金鍍金された銀で覆われていて、かなり太く、笏頭の金線細工のモティーフが反復されている。この

ハンガリー地球儀
（上は紋章の拡大図）

由来と年代については、他の遺物との比較から、十二世紀の第三・三半期、王室金細工工房によるものだろうとされる。同時代の西ヨーロッパの金線細工工芸品にはこれと直接関連するものはなく、むしろビザンツの様式の特徴があるが、それはベラ三世の周辺では自然なことであった。

地球儀

現在の金鍍金された銀の地球儀は十四世紀のもので、盾形のエマイユ板にはハンガリーの紋章《ワッペン》とナポリのアンジュー王の百合紋章が結合されている。この四分割された紋章は、シャルル・ロベール（カーロイ・ロベルト）の治世の初期、一三〇一年にザグレブで鋳造されたデナリ銀貨にもみることができる。アルパド朝の男系の断絶ののちの王座争いでは、女系の後継者としてまずボヘミア王ヴェンツェルが、一三〇一年夏に〈正規〉の標章によって戴冠している。シャルル・ロベールはこの数週間ののちにエステルゴムで〈仮設冠〉で戴冠した。この地球儀はその折のものであるという。この地球儀が仮設の標章であることは、素材も形体も簡素で装飾がないことからも明らかである。横木が二本ある二重十字架はハンガリー地球儀に独自のもので、シャルル・ロベールはおそらくアルパド朝の支配標章をしめして、その相続権を主張しようとしたのだろう。この二重十字架はベラ三世のときにはじめて現れるのであり、その子息エンメリッヒの大印璽にも国王はこの二重十字架のある地球儀をもってしめされる。十三世紀にはこの二重十字架は貨幣印璽につねにみられるようになり、アンジュー時代の地球儀も、この伝統にしたがったものである。

シャルル・ロベールは最初の戴冠からほぼ十年後に、正規の戴冠標章を入手したが、そのときにはすでに正規の地球儀は失われていた。一三〇四年のヴェンツェルの王国標章の記録には、地球儀は聖遺物〈聖ステファンの腕〉聖遺物で代替されたとあるからである。こうしてこの簡素な地球儀は、その代替性を保持したまま、戴冠標章の一つに数えられるようになったのである。

王剣

王剣は標章のなかでもっとも新しい。これは十六世紀初期にヴェネチアで作られたもので、刀身、柄頭、蔓状装飾とともに錆びている。簡素な研ぎ減らされた武器で、何度も使用され研磨さ

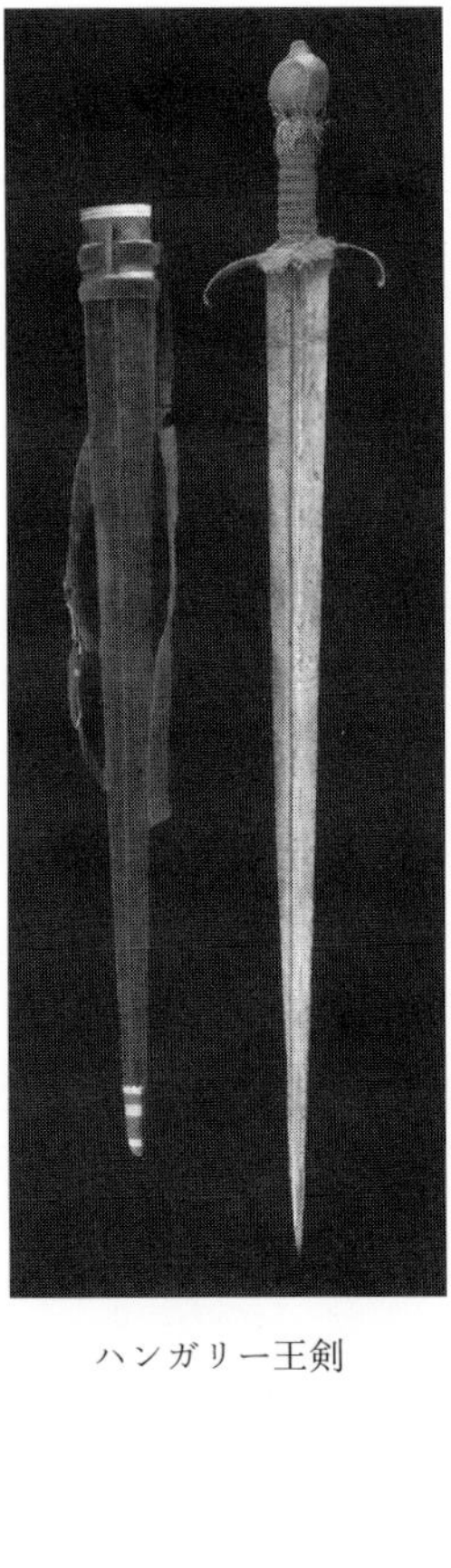

ハンガリー王剣

れて短くなっている。この簡素な武器がいつなぜ標章にくみこまれたのか、またなにによって本来の戴冠剣とみなされることになったかはまったくわからない。

戴冠用マント

ANNO INCARNACIONIS XRI : MXXXI : INDICCIONE : XIIII A STEPHNO REGE ET GISLA REGINA CASULA HEC OPERATA ET DATA ~ ECCLESIAE SANCTA MARIAE SITAE IN CIVITATE ALBA

この幄衣《カズラ》はキリスト託身一〇三一年、教会暦一四年につくられ、ステファン国王とギゼラ王妃によってアルバの聖マリア教会に贈られた。

この幄衣には右の銘文が刺繡されている。これは神聖ローマ帝国にとってのアーヘンのように、国王が設立し布教の中心としまた墓所としたアルバの司教座に贈ったものとされる。

生地はビザンツの絹で、全面に刺繡で飾られている。背面はY字形十字で、中央にキリストが二回、扁桃形の光背のなかに表示されている。第一のキリスト

戴冠用マント

は死と罪の勝利者であり、第二のキリストは世界審判者である。上部にはマリアと福音書記者ヨハネが扁桃光背のなかにえがかれている。十字架の腕木の下には復活のキリストをはさんで左右に旧約の聖者がならび、その下の銘文の下には、天上の王キリストをめぐって使徒がえがかれる。さらにその下には殉教者がならび、列の中央には寄進者である国王ステファンが標章をつけて立ち、その傍らでは王妃ギゼラが聖遺物をささげている。

この幄衣が戴冠典礼用に転用されたのは、十三世紀初頭のことである。[1]

(1) Z. Lovag, 1986.

第四章

フリードリッヒ二世冠（コンスタンツァ冠）

一　帝妃コンスタンツァ冠

一七八一年、パレルモ大聖堂の内部の改装がおこなわれ、皇帝フリードリッヒ二世（在位一二一五―五〇、シチリア王としてはフェデリーコ一世、在位一一九七―一二五〇）の最初の帝妃コンスタンツァの遺骸がおさめられていた大理石石棺が開かれたとき、小筥《こばこ》の中からほかの宝石とともに、黄金の冠が発見された。この冠は宝石と真珠を数多くつけ、一四九一年の第一回目の開棺のときには帝妃の頭部をかざっていたという。以来この冠をめぐっては、ごくふつうの女性冠なのか、それとも死者を弔う目的でつくられた埋葬冠なのか、という点がしばしば問題とされてきた。

この冠（コンスタンツァ冠、フリードリッヒ二世冠などの名で知られる）には、中世の西ヨーロッパにそれまでみられたブリッジ冠、すなわちコンクのサント・フォワ小像冠、ハンガリーの聖ステファン王冠、ストックホルム博物館の聖遺物匣冠などとちがって、強固な環帯もブリッジもない。

全体を形づくっているのは黄金薄板による半球帽《カロッタ》 calotta で、四分割されたその四半面はいずれも、赤金の撚られ縮れた細金線で覆われている。

コンスタンツァ冠（フリードリッヒ2世冠） パレルモ大聖堂［→口絵32］

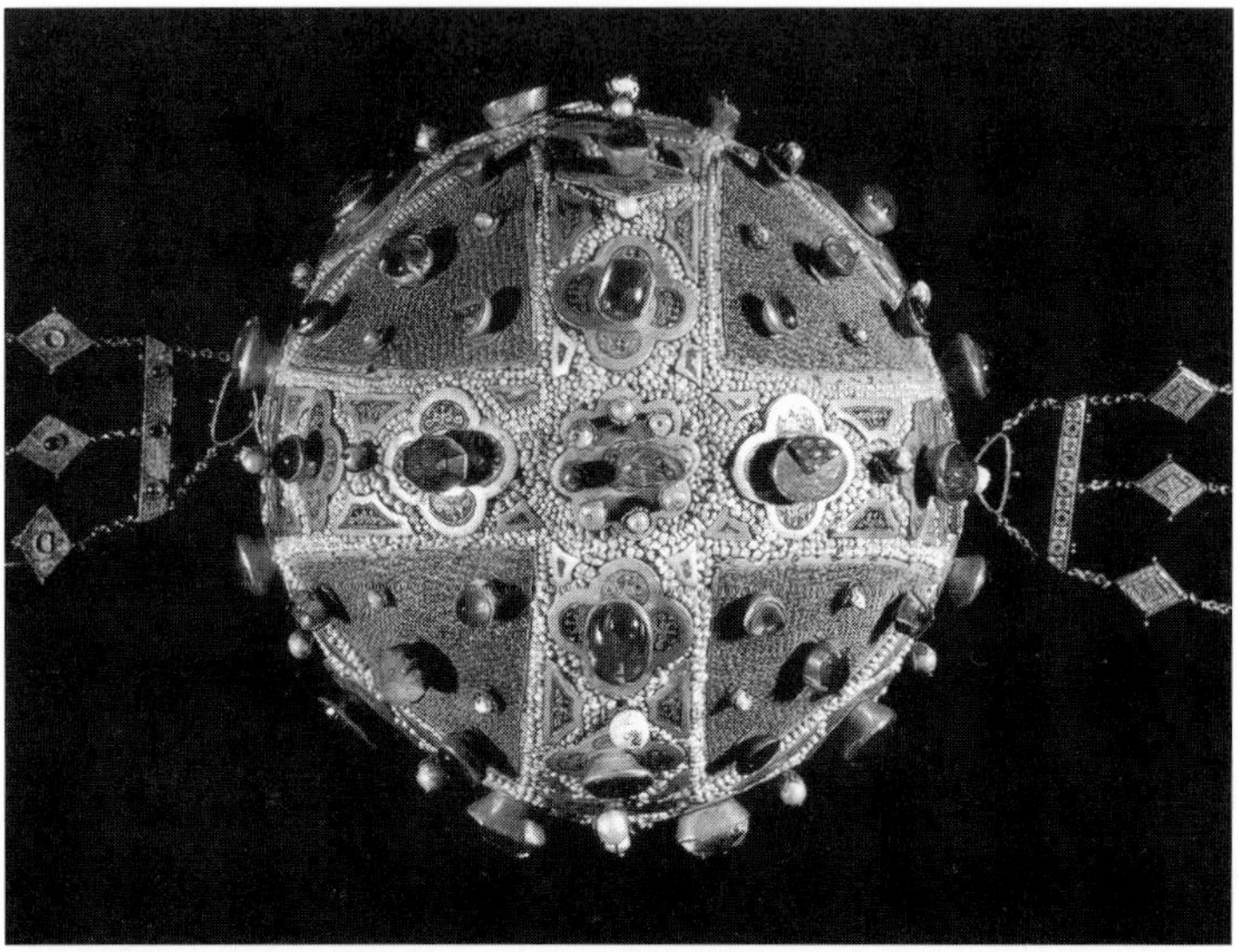

コンスタンツァ冠　頭頂部

ブリッジも下方の環帯もただそれが「形づけられて」いるだけである。すなわち実際には真珠紐のこまかい織り込みと黄金薄板エマイユの四花弁装飾があるだけで、これを固定する下板はない。

環帯もブリッジもなければ冠の形を固定することができず、冠だということを確実にしめすことができない。

このため工匠は、冠の内側に重厚な絹の裏地をつけた。

これは冠とはべつの独立した内冠ではなく、冠の表面の黄金薄板とかたく縫合されている。

この裏地は一七八一年の二度目の開棺のときにいったん取り外されて、冠の各部は従来の形にそうように再度縫合され、いま大聖堂の華麗な財宝として再現されているのである。

このブリッジに相当する部分と半球板とのあいだには裂け目があるが、これは最初あった裏地が取り外されたときにできたもので、最初の全体を形づくった方法をしめすものである。この手のこんだ技法は、戴冠者がぴったりとまたゆるやかに被れるよう調節することを目的としたもので、これは埋葬冠には不必要なことであった。

この細かな内部仕上げと技巧は、これがけっして埋葬標章ではなく、実際に用いられたのちに、二次的にコンスタンツァの石棺にいれられたことを明白にしめすものである。ではこの冠は石棺に入れられるまで、誰に戴かれていたのだろうか。

すでに、A・ヴェンチューリ[1]、J・v・シュロッサー[2]は、この冠がビザンツの特徴的形式をしめすものであると指摘していたが、J・デールは、形体についての様式史的研究をさらにすすめ、その結果、この半球形の〈円頂冠(閉頂冠)〉は女性のものではなく、これはまぎれもない男性の駱毛冠《カメラウキオン》 καμηλαύκιον であり、ビザンツの皇帝とともに、シチリアのノルマン朝の国王たちにも用いられたことをしめした。

その本質的特徴は東ローマ皇帝アレクシオス一世の戴冠(一〇八一年)に際して、息女アンナ・コムネーナが、東ローマの伝統的な皇帝冠の外観をのべているとおりである(第一章参照)。

それによれば、この冠は半球状ですべての方向からみてふくらんだ閉頂形で、真珠と各種の宝石でかざられ、宝石はあるものは突き出しあるものは埋め込まれて、冠の両側には宝石と真珠をつらねた瓔珞《ようらく》 ὁρμάθοι を垂らし、それは顔の前面に触れるようになっていたという。

この記述はこの冠にそのまま適合する。

装飾兜断片
4世紀
ブダペスト、国立博物館

この駱毛冠の原型は、コンスタンティヌス大帝の直接の後継者たちの前立てdiademでかざられた皇帝兜にさかのぼるもので、儀式用に発展し、六世紀末から前立冠とならんで、第二の皇帝冠となったのであった。

この冠は宝石が多くあるにもかかわらずその基本形式は兜状であり、その装飾も直接に古代の皇帝兜あるいは衛兵兜とのつながりをしめしている。

ブダペストにある装飾兜の前面断片はヴァレンティアヌス一世（三六四―三七五）の時代のものであるが、これをこの冠と比較してみると、その半球面の目玉状のガラスの埋込みは、おなじところにおなじ形の相応の宝石が対応している。

このように冠の形式が同時代のまたビザンツ後期の冠と一致していること、またローマ後期の前例につながるということから、この冠がビザンツの駱毛冠であることは疑いなく、また中世から今日にいたるまでの現存する唯一の例である。

この冠がビザンツの閉頂冠の特徴をしめしているということは、アンナ・コムネーナの記述によるばかりではなく、当時の支配者の図像ではっきりとしめされる。

まず、ベルトから突き出した宝石のデザインは、ハギア・ソフィア大聖堂の皇帝ヨハネス二世コムネーノスのモザイックにみることができる。

またこの冠形に類似するものとしては、ドゥブロヴニク大聖堂の聖ブラシウス頭部聖遺物匣、また十七世紀にトランシルヴァニア大守ステファン・ボスキャイがスルタン・アフメドから贈られた同形冠が現存している。

皇帝ヨハネス2世コムネーノス像
イスタンブール、ハギア・ソフィア
南階上廊モザイック
12世紀前半
[→口絵31]

フリードリヒ2世の棺と
額面の冠形の拡大図（上）
パレルモ大聖堂

さらにこの冠形はモザイック、細密画、そしてビザンツの貨幣に無数にみることができ、宮廷の儀礼用の衣装としてバンベルクの聖クニグンデ・マントに刺繍され、とくにフリードリッヒ二世の大理石石棺の額面に彫りこまれている。

この冠の成立年代については、技術と様式の研究、とりわけ金細工技術に関する研究から、一二〇〇年以後にできたものであることがわかった。

環帯とブリッジに相当する部分の真珠と宝石は半球部分のそれにくらべて大きく、高い留金によって半球部分から突き出している。

この帝妃の石棺からはほかにも装飾の断片がみつかっているが、そこでもこの駱毛冠とおなじ手法で、宝石は金線細工や把持爪でとめられるのではなく、冠の表面から突きだしている。これは当時の西ヨーロッパには新規の技術で、すぐ流行するようになったもので

太守ステファン・ボスキャイ冠　1605年頃、ウィーン、王宮財宝室

ある。

さらに、真珠紐の各種の用法も際立っているが、これはフリードリッヒ二世の時代の品々に、すなわちウィーンの財宝室の皇帝衣装などにもおなじ用法がみられる。

これらが一二〇〇年以後という推定の主たる根拠になるものだが、ほかに環帯下部に並んでいる百合花装飾の源流が考察され、またこの冠の特徴的な四花弁装飾とそこにえがかれた蔓先模様は、ペルシャに原型をもつ東方アラブの伝統のものであることも考証されている。

以上からも明らかなように、この駱毛冠は、フリードリッヒ二世がノルマンの祖先からうけつぎ、とくにシチリアの支配権だけの象徴として用いたものと思われる。

フリードリッヒはなぜこの冠を帝妃の石棺にいれた

のだろうか。

これについては言語証言はなく、石棺の状況から判断するほかはない。

二十七歳の皇帝は帝妃の死によってショックをうけ、みずからの冠をみずからの一部として死者の墓に授け、最終の日までの解けることのない運命の結びつきを固めたのである。フリードリッヒはあえて死者の頭上にみずからの冠を授けることによって、帝妃への愛を永遠のものとしたのである。[3]

（1）A. Venturi, 1902.　（2）J. v. Schlosser, 1920.　（3）J. Deér, 1952.

二　フリードリッヒ二世

フリードリッヒ二世はふしぎな人物である。あるものはかれに感嘆し、あるものはかれを嫌悪した。かれはシチリアで哲学者と詩人によって教育され、七つの言語を話しみずから詩作した。かれは芸術の愛好者であり、天才的な軍人であり、巧妙な政治家であった。

かれはシチリアでサラセン人と交流し、アラビア語で語りあった。

ローマ法王は、かれの寛容さに激昂した。

かれはオクシデントとオリエントの混交であり、神秘家であり懐疑家であり、その時代における〈世界の驚異〉とされた。かれは過去においてオットー三世が夢想した地中海帝国の構想をまがりになりにも実現した正真正銘の地中海皇帝であったが、その成果は残らなかった。かれはあまりに〈モダン〉で、うけついだ帝国の枠にはおさまらず、二人の法王とは正面からの抗争になった。

ローマ法王はかれがイタリアとシチリアを連合王国とすることをのぞんだが、それは一方では法王権から独立する危険をはらむものであり、またかれはなんども法王への忠誠を宣誓したが、それはすべてやぶられた。

若きフリードリッヒ2世
13世紀
カプア、カンパーニャ州立博物館

一一九八年、フリードリッヒは父である皇帝ハインリッヒ六世の死（一一九七年）の後、四歳でシチリア王としてパレルモで戴冠した。

かれはノルマンの法制によって十四歳で成人となり、十五歳のとき、保護者である法王インノケンティウス三世の圧力によって十歳年長のコンスタンツァ、すなわちアラゴン国王ペドロ二世の妹でハンガリー国王エンメリッヒの寡婦であった女性と結婚した。コンスタンツァはフリードリッヒに母性的愛情をささげた。

一二一五年六月二十五日、かれはアーヘンで正式にドイツ国王として戴冠した。

一二二〇年十一月、インノケンティウス三世をついだホノリウス三世は十字軍計画を実現させるために、フリードリッヒとコンスタンツァにローマで皇帝として戴冠させた。

かれがこのとき用いた戴冠衣装は、その後帝国財宝にとりいれられ、歴代の皇帝戴冠に用いられることになる。

一二二二年、帝妃コンスタンツァは死に、翌年、フリー

フリードリッヒ2世と
スルタン、アル・カーミルとの会見
14世紀の写本
ヴァティカン図書館

ドリッヒはアッカを支配していたイェルサレム王の息女イサベラと結婚した。

一二二七年、数次の延期ののちに、十字軍の準備がはじまった。

六万の騎士、従者、巡礼がブリンディシにあつまった。船も食料も不十分で、九月船団が出発したあとに数千人がのこされた。

しかしすぐ船中でも陸上でも疫病が発生し、フリードリッヒ自身も感染し帰国した。

ホノリウス三世のあとをついだグレゴリウス九世は、十字軍の誓約の不履行のゆえにフリードリッヒを破門した。

一二二八年、フリードリッヒは再度パレスティナに進出したが、法王はゆるさなかった。

フリードリッヒはスルタンのアル・カーミルと交渉し、戦わずしてイェルサレムその他聖地の入地権をえ、一二二九年、聖墳墓聖堂でイェエルサレムの王冠をうけた。

これはすべて両者の理解と了解の成果であった。

フリードリッヒ2世
『鷹狩りの書』、13世紀の写本、ヴァチカン図書館

かれはまた帝国内部においても、まったく新しい理念による階級の合流、民衆の交流、よりよき法制度など、おおくの可能性を実現した。

しかしかれにとっては、十三世紀のイタリアの情熱的気風はまったくのナンセンスであった。かれの政策は他人とくらべて、英雄的ではなく現実的で、それゆえにこそよりよい成果が得られたのである。

かれはドイツ皇帝であるよりはあまりにイタリア王でありすぎた。

かれの心はシチリアにはりついていた。

しかしかれが、一度ドイツに来ると、歓呼をもって迎えられた。ホーエンシュタウフェンに対する憧憬はなお生きていた。

一二三五年のかれのドイツ訪問は盛況であった。同時代の記録によれば、「かれは栄光につつまれ、金銀財宝をつんだおおくの馬車がつづいた。さらに駱駝、ろば、猿、豹、おおくのサラセン人、エチオピア人などで、おおくの技芸に長じ、財宝を警備していた」という。

かれがイタリアへの権力の集中を意図し、ドイツでは君主の群拠にまかせたのは驚くべきことである。かれはイタリアでは、グェルフとギベリンの抗争を調停することができなかった。その統治の最後には、ドイツの君主とロンバルディア都市を対抗させることを考えたが、ドイツの君主は、帝国のことなど念頭になかった。

かれも法王インノケンティウス四世もともに、法王がフランスへ逃亡を考えるのはあしきことと考えた。この法王との抗争は、一二五〇年のかれの死によって終わった。かれはシトー会修道士の衣服でパレルモ大司教の赦禱をうけた。

かれの死はその現実の権力と魔力に驚嘆していた世界を安堵させた。

しかしかれの治世において、オットー大帝が皇帝と法王との結合のうえに建設した帝国は崩壊した。以後帝国は皇帝空位時代 Interregnum となる。

フリードリッヒ二世は、ドイツにおいては最後の中世的皇帝であり、パレルモにおいては最初の近代的国王であった。(1)

(1) A. Maurois, 1965.

第五章

ミュンヘン王宮の諸冠

一　三つの中世冠

ミュンヘン王宮《レジデンツ》の博物館には、中世さかのぼる四つの宝冠が保管されているが、そのうちのふるい三冠は、皇帝ハインリッヒ二世（在位一〇〇二―二四）、帝妃クニグンデ（九七五頃―一〇四〇）に関係するものとされる［口絵33―35参照］。

聖クニグンデ冠

この名称をもつ小形の環帯冠は、かつてハインリッヒ二世が拠点としたバンベルクの大聖堂からもたらされたものである。

直径一九cm、幅（高さ）五cmであり、このサイズは女性冠に相応しく、美術史的にみてもこの名称のつたえる聖クニグンデの冠であったという伝承は、史実にそったものと思われる。

これは五枚の黄金の彎曲した四辺形板からなる環帯冠で、金線透彫細工地に、宝石、ガラス塊、真珠で飾られ、上部につけられていた装飾はなくなっている。

制作年代は一〇一〇年ごろとされ、バンベルクの大聖堂財宝であったが、一八〇三年にミュンヘン王宮

聖クニグンデ冠　ミュンヘン、王宮博物館

の財宝室にきた。

十四世紀に、聖クニグンデ百合花冠（後述）がこの冠の上縁に付加されたが、それはいま分離されている。

冠帯自身は、最初の本来のすがたをよくとどめている。

宝石のなかでは、横並びのサファイアが人目をひき、宝石と金線透彫細工の把持爪の処理がきわだっている。

この豪華で上品なたたずまいは、高貴な女性の臈闌《ろうた》けた気韻といったものを感じさせる(1)。

聖ハインリッヒ二世頭像聖遺物匣冠

このゴシック様式の聖遺物匣冠は、十三世紀末のドイツ金工芸術の頂点をしめすものである。

これはもとバンベルク大聖堂財宝の一つであった。

この冠の由来については文書資料年代記などはまったく存在せず、その点についてはただ美術史的に考察するしかない。

直径は二〇cmで、実際に頭に戴く冠としての通常サイ

聖ハインリッヒ２世頭像聖遺物匣冠　ミュンヘン、王宮博物館

ズである。

冠帯はシュタウフェン時代のものより高く、一四cmである。この冠帯は金鍍金の銀で、ブリッジはなく、普通は八枚の帯板からなるのに対して六枚の帯板からなり、曲げられて環状になっている。

冠帯には葉状装飾が広がって、突起した宝石が把持爪で抱きこまれとめられている。

冠帯上縁には穿孔された真珠がならび、同じアクセントをなしている。

百合花は冠帯上に大きく広がり、その左右に翼をひろげた天使が蝶番のうえに立つのが目立ち、葉状装飾のうえに軽やかに浮遊して蝶番軸を飾っている。

細部の特徴はシュタウフェン冠にはみられないバンベルク特有の繊細さと貴族性をみせている。

この冠は、いまは喪われてしまったバンベルクのハインリッヒ二世の頭像聖遺物匣を飾っていたものとされ、反論の余地はないとおもわれる。

冠のなかに聖遺物を収めて権威化することはふるくから行われていたが、十三世紀から宝冠が聖遺物匣となったり聖遺物匣の頭上に聖遺物匣冠をおく例があらわれた。これは当時の聖遺物崇拝の盛行の一端をあらわすもので、そのきっかけはフランスの聖王ルイ九世(在位一二二六―七〇)が聖荊をはじめとする聖遺物を積極的に収集し譲与したことにはじまるという。かれの創建したサント・シャペルは、礼拝堂そのものが大規模な聖遺物匣であった。ここでは建造物が石造性をすてて宝石のイメージに化している。

代表的な例としては、かれがドミニコ会女子修道院に寄進したリエージュ冠(一二六七年)、このハイン

(上)
リエージュ冠
13世紀
ルーヴル美術館

(下)
ストックホルム冠
13世紀
スウェーデン国立博物館
[→口絵38]

聖クニグンデ百合花冠　ミュンヘン、王宮博物館

リッヒ二世の頭像聖遺物匣冠、またフリードリッヒ二世が聖エリーザベト（一二三五年叙聖）の瑪瑙皿聖遺物匣にあわせてつくらせた聖遺物匣冠であるストックホルム冠などがあげられ、前述のアーヘンのシャルルマーニュ聖遺物匣冠、聖ヴェンツェル・ボヘミア王国冠もこれに数えられる。[2]

聖クニグンデ百合花冠

この百合花冠は聖クニグンデ冠と直径がひとしく、前述のように、かつては聖クニグンデ冠の上部に結合して両者一体のものとしてもちいられた。

しかしこの冠の制作年代は十四世紀中期、ルートヴィッヒ・デア・バイエルの時代とされる。

冠帯は十一の金鍍金の銀の百合花板からなり、蝶番でつながれ、金鍍金の銅のベルトで補強されている。

蝶番の上端には明色のサファイアがあしらわれ、

その上に真珠が載る。

またそれぞれの百合花は中央に大きな宝石をもち、それをかこんで三つのルビーが傍侍している。

正面の百合花はやや大きく、中央に透明なサファイアをもつ十字架をかかげている。

サファイアの四辺にはそれぞれ三つのルビーがクローヴァー状をなして把持されて、これが十字架の先端をかたちづくっている。

十字架の背面は十字形の、荊冠片など聖遺物をおさめるためとおもわれる蓋のある受容匣になっている。

冠帯の下縁には二本の金線がめぐり、三つの真珠と金の葡萄葉が交互に巡らされている。

これは一七九三年の資材目録で、はじめて〈帝妃聖クニグンデ冠〉と記された。[3]

（1） P. E. Schramm, 1955
（2） P. E. Schramm, 1956 [HEZ 38].
（3） E. F. Twining, 1960.

二　聖ハインリッヒ二世、帝妃聖クニグンデ

ハインリッヒ二世はザクセン朝最後の皇帝である。

かれは九七三年、ハインリッヒ喧嘩公とブルゴーニュ王女ギゼラの子息としてバイエルンで生まれ、父の死後、バイエルン公に選ばれた（九九五年）。

かれはオットー三世の信頼厚い友人としてまた臣下として、二度イタリアに同行し、一〇〇一年にはオットーがパラチノで包囲されたのを救出している。

かれは九九八年、ルクセンブルク伯女クニグンデと結婚した。

一〇〇二年、かれはオットー三世が急逝すると、その遺体にしたがってバイエルンに進んだ。かれはオットー三世の男系後継者として、皇帝の従者から帝国標章を暴力で奪取した。そしてマインツ大司教主導により、一〇〇二年六月七日、かれは国王に選出され戴冠した。

かれは国王となると、軍事力によらず外交と譲歩によって、帝国全体の承認をえた。

ハインリッヒ二世の治世のすべては、オットー三世の一方的にイタリアに集中された問題の解決に費やされた。

ハインリッヒ2世と帝妃クニグンデ
13世紀、バンベルク大聖堂

かれは一〇〇四年、パヴィアでランゴバルド王冠をうけたが、戴冠の夜反乱がおこりそれはこの都市の破壊で終わった。

一〇一四年、かれはクニグンデとともにローマで法王ベネディクトゥス八世によって皇帝として戴冠した。その後ハドリアヌス橋でローマ人とドイツ人の流血の乱闘があり、これはその後の皇帝戴冠後の慣例の儀式になった。

かれは内政においては前後のだれよりも教会に助力した。かれは司教区に対して帝国歳出の三分の二をふりむけた。

バンベルク司教区は、かれとクニグンデの共同の設立による。この司教区はヴュルツブルクとアイヒシュテットが転用された。

かれはこのバンベルクに北方と南方への戦略的拠点として王宮をおいたのである。

法王ベネディクトゥス八世はイタリア南部にのび

てくる東ローマの勢力を防ぐために皇帝の援助をもとめて、一〇二〇年、バンベルクを訪れた。

ハインリッヒと法王権のむすびつきは、すでに国家的帝国教会から法王に従属する〈高位教会〉にいたる動向を暗示するものであった。マインツ大司教アリボーが信徒に司教の許可なしに法王に帰依することを禁止すると、ベネディクトゥス八世はかれの典礼的地位の象徴である肩衣《ストラ》をとりあげた。これが重大問題になる前に、かれは宮廷で胆石にかかり、死亡した。

かれはバンベルクに埋葬された。

かれはバンベルク司教区の設立により一一四六年叙聖され、帝妃クニグンデも一二〇〇年叙聖された。かれの聖者伝説ではかれは禁欲者で懺悔者だとするが、これは真実ではあるまい。しかしクニグンデと未交渉だったことは、子供がないことから否定できまい。

また伝承では、クニグンデは、悪魔との姦通を疑われて、火による釈明のため灼熱した鉄桶のうえを裸足であるいたとされる。

夫の死後、かの女はみずから設立したカウフンゲン修道院ですごした。

かの女の妹ギゼラはハンガリーの〈使徒王〉聖ステファンの王妃で（第三章参照）、ハインリッヒとステファンは義兄弟である。[1]

（1） G. Jaeckel, 1980.

三　ファルツ選挙侯妃ブランチ冠

この華麗な中世末期の女性冠は、イングランドの王女ブランチ・オブ・ランカスターが結婚の際にもちこんだものである。

これはドイツ国王ループレヒト（在位一四〇〇—一〇）の子息であるファルツ選挙侯ルートヴィッヒ三世が、一四〇一年三月七日ロンドンで締結された条約によって、一四〇二年七月六日ケルンで、イングランド国王ヘンリー四世（一三九九—一四一三）の王女で、当時まだ十歳だったブランチと結婚したことに起因する。

この冠の成立はイングランドかフランスといわれているが、詳細はまったくわからない。ただイングランドの一三九九年の記録ではすでに古宝飾《オールド・ジュエリー》とよばれていた。

この冠は高さが一七cm、直径一八cmである。

直径は短く、これは女性冠の特徴どおりである。

しかしこの高さは、上方への突きだした感覚がきわだっている。

百合の花軸は高く上方へ突きだし、冠の上縁も下縁も水平感をみせず、装飾も真珠もそれぞれが切断さ

ファルツ選挙侯妃ブランチ冠　ミュンヘン、王宮博物館［→口絵36］

れた感じである。百合形は不明瞭で、宝石が滴状に飾られて地板をかくし、これは十四世紀の冠の方式にしたがったものである。

輪郭ははげしく動揺し、材質と色彩の交替は不安をはらんでいる。また表面の多重の処理には、ゴシック芸術ということだけでは説明ができないものがある。

打紐、冠毛、宝石、真珠などの処理には〈花嫁頭飾〉の要素があるが、全体としてはむしろ異様な優美さが目につき、従来の侯妃の冠とも花嫁頭飾とも異なっている。

十四世紀後半の聖母像の冠には、細い冠帯から十二の星を軸上に突きだしているものがあり、そこからの影響と考えられよう。

この冠は本来ファルツ系ヴィッテルスバッハ家の所有していたもので、一七七七年にバイエルン系ヴィッテルスバッハ家の断絶にともない、ファルツ選挙侯カール・テオドールがバイエルン系を相続したときに、ミュンヘンにもちこまれた。

この冠がとくにイギリス人の関心をよぶのは、これは支配権標章としてクロムウェル以前の残存する唯一のものだからである。(1)

(1) P. E. Schramm, 1956 [HEZ 45].

第六章

ロンバルディア鉄冠（イタリア王国冠）

一　モンツァ鉄冠

シャルルマーニュの子息ルドヴィクス敬虔帝の後、フランクの帝国はその三人の子息に分与された。最年長のロタールは皇帝の称号と、フリースランドから南イタリアにいたる狭く長く、皇帝主都アーヘンとローマをふくむ地域を受領した（ヴェルダン条約、八四六年）。

ロンバルディアは、以来、フランクの伝統を受け継ぐ帝国の重要な一員として、しばしば皇帝以上の政治的軍事的経済的実力をしめし、しばしば皇帝を圧倒した。

ロンバルディアの中心ミラノの北方に位置するモンツァ。そのサン・ジョヴァンニ・バッティスタ大聖堂の主祭壇左手小礼拝堂は、バイエルンの王女でランゴバルド王妃テオドリンダの追憶のために奉献されたものである。かの女は六世紀から七世紀への変り目の時代にあって、はじめアウタリ王のついでアギルルフ王の妃となり、ロンバルディアを支配した。

この祭壇の天蓋の下、ガラスの櫃の中にロンバルディアの鉄冠は保管されている。

この王冠は純金製で、宝石とエマイユで華麗に飾られている。

しかしこの王冠の名称、成立、歴史、目的、使用については、すべてが謎につつまれている。

ロンバルディア鉄冠（モンツァ鉄冠）　モンツァ大聖堂［→口絵39］

すでに鉄冠という名称自体が矛盾をはらんでいる。

この鉄冠という名称は、平らに打ち延ばされた細い鉄の輪が冠の内側を囲繞し、個々の冠帯板を継ぎ合わせていることによる。

この鉄輪は数世紀にわたって、キリストの十字架の釘と信じられてきた。これによってこの冠は、歴史の流れの中で、国王権と教会権という二つの権威をしめした。ランゴバルド王の支配権の象徴であるとともに、畏敬と崇拝をよびおこす聖遺物となったのである。

ナポレオン戦争の後のウィーン会議では、ロンバルディア＝ヴェネチア地域はオーストリア帝国に帰属し、それにともなってこの鉄冠は、すでにもっていた二つの権威のほかに、ハプスブルク朝の支配権をもしめすものとなった。

二　現状

この鉄冠は、王冠としてサイズが小さいのがすぐ目につく。

その直径は一五・八×一四・四cmで、すこし押潰された環帯冠である。

高さは五・三cm、周径は四八cmである。

以上のことからも明らかなように、この王冠は、額に被るのではなく、頭上に載せるものである。

冠帯板は純金製である。

これは六枚の冠帯板からなり、互いに蝶番で留められている。

冠帯板は一枚ごとが八cmの長さで、たやすく曲げられ、ほぼ正方形の主平板とそれに並ぶ縦長の中間板でできていて、これが装飾システムの単位として反復する。

六枚の冠帯板は、三枚ずつが同方向に繋がっていて、この二つの繋がりは左右対称に、主平板の一端どうしで繋げられ、その結果、反対の端は中間板どうしがつきあわされている。

中間板には宝石が三つずつ縦に並んでいるが、このつきあわされた中間板の一方だけは、宝石は中央にただ一つあるのみで、その上下には、主平板とおなじ七弁の花飾《ロゼット》がつけられていて、他の中間板とはデザ

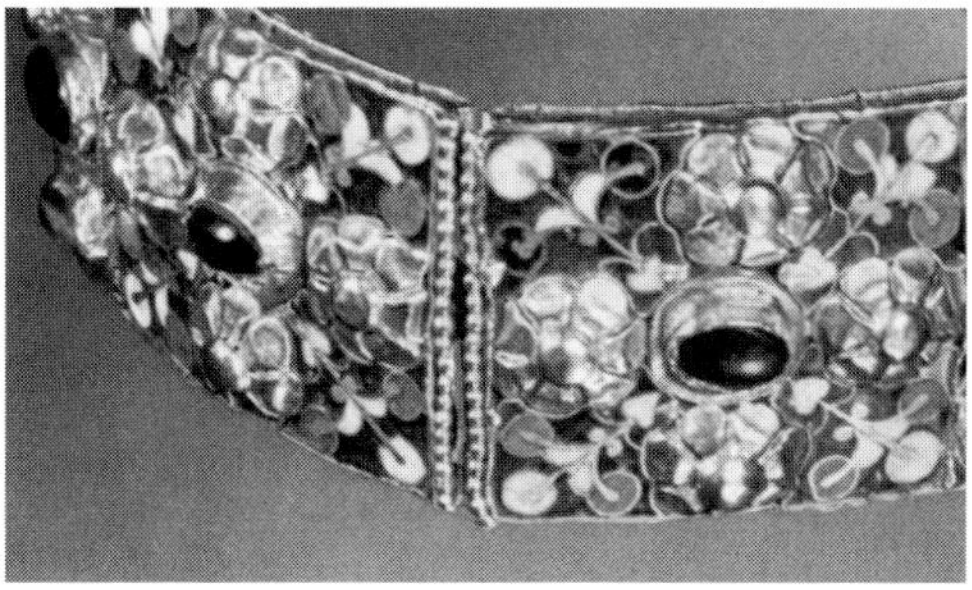

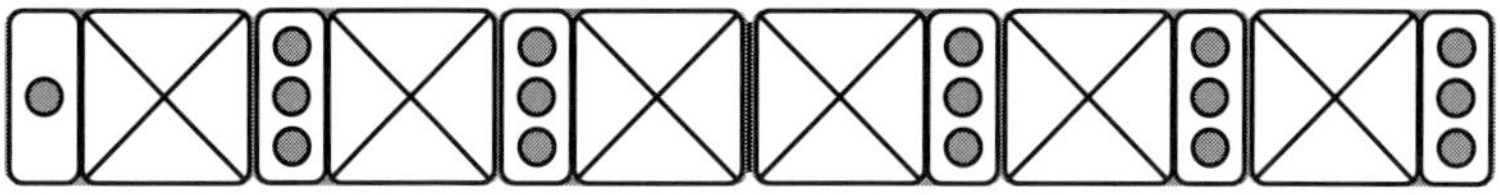

上：モンツァ鉄冠　中間板どうしの接合部
中：同、主平板どうしの接合部
下：中間板どうしの接合部で切り離したときの
展開模式図

インが異なり、全体のデザインの流れを止めている。

この中間板のデザインが他のそれとおなじならば、六枚の冠帯板はすべて同方向に繋げられ、デザインは一定方向に流れただろう。

この状況からみて、この王冠は元来はもっと大きく、冠帯板が一枚か二枚脱落し喪失した可能性が考えられる。

冠帯板の装飾は手による打出しで、宝石とエマイユで飾られている。

それぞれの主平板の中央には卵形の宝石が、高い留金で留められている。

その周囲には四つの膨らんだ七弁の花飾が、十字形に配置されている。

この花飾十字を浮出させるために、冠帯板の地の部分はエマイユ・クロワゾネで埋められている。

エマイユの装飾主題は花枝で、ハート形の本葉からはじまって中央の同形の葉をとおり、その左右に丸葉か果実を延ばし、さらに枝先に伸びている。

この装飾パターンはX字形をなし、花飾がつくる正十字の軸の上に、X軸がかさねられている。正十字とXのかさなりは宇宙を象徴するものである。

ハート形の葉と枝先の果実は白のエマイユで、この白の三点がX軸を形成する。

その左右にある円形の果実は三枚の冠帯板ではブルー、三枚の冠帯板では赤茶である。

エマイユの地は、透明なエメラルドグリーンで、鑢《やすり》をかけられて仄かに光る金の地板に焼付けられている。

一方、中間板には三つの卵形のルビー、アメシスト、サファイアが上下に配置され、高い留金から突出している。

冠帯板の周縁には金珠線がはしり、個々の冠帯板は区分される。

冠の上縁には三つの孔があり、下縁には四十八の二重孔の列がある。

内側の鉄のリングは幅二㎝で、七つの釘によって粗く金の冠帯に留められている。

冠全体の宝石は、あわせて二十二個である。[1]

（1） M. v. Bárány-Oberschall, 1966.

三　成立年代

現在のモンツァ鉄冠については、この外観のみが、これがなにものであるかを証言するただ一つの記録である。その成立、用途、場所、これらはなに一つとして確実に特定することはできない。

まずこの鉄冠の成立時期については見解が一致しない。それは五世紀から十世紀の間で浮動している。ローマ後期のものとしても、ビザンツのものかミラノのものかわからない。その用途もまた謎につつまれている。これは戴冠標章であったのか、頸環か、祭壇上に吊される奉献冠か、あるいは衣服に着ける腕輪か。これらの点について、おおくの歴史家、美術史家が研究し、一定の成果をみせているが、いまだ十全な解答には至っていない。

A・リピンスキーは、このモンツァ鉄冠はローマ後期の装飾作品であり、五世紀後半にビザンツで、おそらく皇帝の宮廷の金細工工房で成立したとみる（一九六〇年）[1]。

東ゴートのテオドリクス大王（在位四七四―五二六）は、オドアケルをラヴェンナ近傍で破った後、イタリアの支配権を正当化するため、ビザンツ皇帝アナスタシウス一世（在位四九一―五一八）にローマ執政者《パトリキウス》の称号を求めた。征服者の古い習慣では、しばしば他の国の権力にあえて従属することがあり、事実、テオドリクスは王冠と執政標章を受取っている。そしてリピンスキーは、この王冠こそがモンツァ鉄冠なのだとする。かれによれば、皇帝アナスタシウスは、自らの財宝室からこの冠を取出し、その宮廷の議定書が規定しているように、ビザンツ皇帝の尊厳を蛮族の支配者と同一化されぬように貶造して、テオドリクスに贈与したのだという。これは、このモンツァ鉄冠のとくに際立った欠陥、すなわち、一枚か二枚の冠帯板が抜取られていて、それを補完すれば通常の冠の大きさになるということの説明になる。さらにまたモンツァ鉄冠は、皇帝の環帯冠の特徴である額上の宝石がなく、これはおそらく、今日二枚の中間板が突合わされているところの間に存在したのだろうとする。

皇帝像（ユスティニアヌス2世？）
ヴェネツィア、サン・マルコ大聖堂

かれは、このモンツァ鉄冠の装飾デザインのシステムを、四角形の主平板と三つの宝石で飾られた中間板の交替が基本だとする。その実例として、かれは、トリーアのグラティアヌス（在位三六七—三八三）胸像や、ヴェネチアのサン・マルコのテラスにある、ユスティニアヌス二世（在位七〇五—七一七）と想定される斑岩の皇帝像との類似性を確信する。この二つの肖像の環帯冠の装飾のリズムは、四角形の主平板と三つの球形の宝石で飾られた中間板によるもので、現在のモンツァ鉄冠に正確に対応する。これは、実物として時代をこえて現存する二つの皇帝像に共通する形式である、とかれはいう。

しかし、このリピンスキーの、モンツァ鉄冠のローマ後期成立説は、比較の対象物の時代に開きがありすぎて説得力に乏しい。

一方、R・エルツェは、P・E・シュラム編『支配権標章と国家象徴』所収の論文で、まったくちがった結論をしめしている(一九五五年)。[2]かれは、このモンツァ鉄冠のエマイユ・クロワゾネについての美術史的研究に依拠して、早くても九世紀中期の成立とみる。

エルツェは、このモンツァの装飾冠は宝石と技術の精巧さの点から、奉献冠であり、その周径の小さいことから、女性冠とみなすべきであると結論する。女性冠は、ふつう額周より小さく、ヴェールの上に頭上に戴くものであった。事実、冠帯の下辺に連なる二重の孔の列は、ヴェールを留めるためのものだったのである。

エルツェはこの結論にもとづき、冠の所有者を想定した。それによれば、これはルドヴィクス敬虔帝の娘ギゼラの、すなわちフリウリ伯エーベルハルトの妃でイタリア王ベレンガリウス一世(在位八八八—九二四)の母のものだったとする。これは、ベレンガリウス一世がテオドリンダと同様に、モンツァの財宝室を高価な寄贈品でみたしたという事実によるもので、かれが寄贈した宝石で飾られた十字架は、今日もなおモンツァ大聖堂にみいだされる。かれの母の冠は、支配権標章ではなく、宮廷の装飾品の女性冠であり、ベレンガリウス一世はそれゆえにこれをモンツァ大聖堂に寄贈した、と想定するのである。

エルツェはまた、このモンツァの鉄冠の文化的関連性について、宝石で飾られた女性冠の一群、テオドリンダ冠、西ゴートの奉献冠など、民族大移動時代から十世紀十一世紀におよぶ一連の作品を指摘する。西ゴートの伝統はとくに重要で、それはこのモンツァ鉄冠の装飾システムとトレド近傍のフエンテ・ディ・グアラサールで発見された奉献冠とを比較すると顕著だという。

この七世紀の西ゴート王レクセヴィントスとスヴィンティラによる奉献冠の装飾パターンは正十字とX軸で組合せで、これはより進んだ形でモンツァ鉄冠の中にみられるのである。しかしここには三個の宝石

レクセヴィントス冠
7世紀
マドリード、国立考古博物館

カザン冠(上)とモンツァ鉄冠のスケッチ
18世紀の銅版画

で飾られた中間板はない。またこの西ゴート冠は、十字形は宝石でかたちづくられ、X軸の先端と交点は真珠で強調されているのに対して、モンツァ鉄冠では十字形は花飾でかたちづくられ、X軸はエマイユで四隅を埋めている。いずれにせよ、鉄冠がこの西ゴート冠のモチーフの伝統を受けているのは疑いの余地がない。

またこの後の展開についてみると、かつてサン・ドニ修道院にあった十世紀に成立した西フランク冠があり、これは後に瑪瑙皿に固定されて、パリ国立図書館に保管されている。さらに十一世紀バンベルクで成立した王妃クニグンデの環帯冠があり、これは今日ミュンヘン王宮の財宝室に保管されている(第五章参照)。

さらにまた、このモンツァ鉄冠は、一七三〇年にロシヤのカザンで発見されエルミタージュ博物館に保管されながら十九世紀に喪失して、スケッ

アーデルハウゼンの携帯祭壇（部分）
800年頃、フライブルク、アウグスティン美術館

チだけしか残っていない一対の宝飾環とのつよい類似性が指摘される。これは当時、蛮族による西方からの戦利品とされた。これは一対の腕輪と想定され、モンツァ鉄冠が六枚の冠帯板からできているのに対して、これは八枚の環帯板によるのだが、宝石と装飾のシステムはモンツァ鉄冠と完全に一致する。

M・ローゼンベルク（一九二二年）[3]、V・エルベルン（一九五二、五四年）[4]もまた、エルツェとは別の観点からエマイユ・クロワゾネ装飾の美術史的比較をすすめた。

かれらは、このモンツァ鉄冠を、ミラノの聖アンブロシウス聖堂のマギステル・ヴォルヴィニウスによる黄金祭壇《パリオット》（八二四―八五九年）、およびアーデルハウゼンの携帯祭壇（八〇〇年頃）と比較した。この三つの記念碑的作品は、その色彩表現の上で関連性がみられる。これらのエマイユ・クロワゾネは似通った色彩構成をしめし、かがやく乳白の様式化された植物模様が薄暗い背景のまえに浮出て、明白なコントラストをみせている。この黄金祭壇の側面には、中央に〈十字架の礼拝 Adoratio crucis〉の象徴的プログラムとなる菱形のメダイヨンがあり、この縁飾りのエマイユの装飾模様は棕梠樹のモチーフとされる。ここでは、聖杯形花が垂直に連なり、そこから細い茎がのびて丸い果実をつけている。この原形的モチーフは、この黄金祭壇では図式として固定化している。そしてモンツァ鉄冠では、よりプリミティブなそしてより自然主義的な形で十字形の隅をうめている。ここでは棕梠樹のモチーフは、装飾板の形に従ってデフォルムされていて、黄金祭壇ほど明確ではない。

アーデルハウゼンの携帯祭壇の斑岩の石盤の両側は、ランゴバルド式の組帯で飾られた銀板が嵌込まれ、エマイユ・クロワゾネによるビザンツ式十字架が中央にある。ここにはまた聖杯形花のモチーフがしめされ、薄暗いエマイユで満たされている。

モンツァ鉄冠にはこうして、いろいろな文化潮流が混じりあっており、そこではローマ後期の皇帝冠の伝統と西ゴートの奉献冠の装飾パターンと初期ロマネスクの宇宙論的象徴性が総合されている。これらのことからみて、このモンツァ鉄冠は九世紀初期、すでに黄金祭壇より以前に、北イタリアで成立したと認定されよう。

シャルルマーニュ立像
9世紀頃、ミュスタイル（スイス）、ザンクト・ヨハン修道院聖堂

本来の用途に関しては、おおむね女性冠とみるのが妥当だろう。冠の直径が小さく、男性用とするのは不可能と考えられるからである。リピンスキーのいう一枚か二枚の冠帯板と額上の宝石が喪失しているという仮説は、現在の冠帯板のそれぞれを、直径を縮めるために強く曲げ、一つの輪に閉じたという想定によるものだが、冠帯板を事後に曲げるのははげしい破損の恐れがあり、ほとんど不可能である。これを女性冠とするのがもっとも可能性のある解答だろう。

しかしこれを腕輪 armilla とするのも完全に排除することはできない。幅広の腕輪は、ミュスタイル（グラウビュンデ）のシャルマーニュの立像にみることができる。この皇帝像は九世紀のものとされ、肩のブローチと腕輪は、W・ブラウンフェルスによれば、古代後期の装飾を伝えるものとされる。またこれに似た宝石で飾られた腕輪は、十一世紀初期のバンベルグのグンター布の女性像に、アンドレ・グラバールのいうビザンツの都市守護女神像にもみられるという。[5]

モンツァ鉄冠の四八㎝という周経は、このような腕輪での使用に適していて、分厚い金の錦襴かビロードの袖口にふさわしいものである。この冠の縁にある孔は、腕輪を袖口に固定するものだったろう。カザン宝飾環が一対で発見されたことも、これが腕輪だったという説を支持する。しかしこのカザン宝飾環は喪失したために、これ以上の検証は不可能である。[6]

（1）A. v. Lipinsky, 1960.（2）R. Elze, 1955.（3）M. Rosenberg, 1922.（4）V. H. Elbern, 1952 / 1954.
（5）A. Grabar, 1958.（6）M. v. Bárány-Oberschall, 1966.

四　伝承と歴史

中世においては、王冠をはじめとする王権標章は、「神の恩寵によるもの」として、神秘的な光輝に包まれていた。モンツァの鉄冠には、中世初期のイタリア王国の象徴力と、ローマ（ドイツ）皇帝の、またおおくの都市国家と法王領の多様な政治力が暗黙のうちに大きくのしかかり、十九世紀には近代のイタリア王国成立にともない、さらに新しい生命をえることになるのであった。

ヨーロッパにおける正式な戴冠式は、おそらくシャルルマーニュの皇帝戴冠が最初であったろう。しかしながらイタリア国王としての戴冠についてはまったく資料がない。シャルルマーニュの後継者、ルドヴィクス敬虔帝、ロタール一世、シャルル禿頭王、その他についても、戴冠についてはまったく知ることができず、皇帝権国王権の継承にはこれを必要としなかった。

カロリングのイタリアの家系が途絶した後、はじめてイタリアの国民的国王が選出され、その支配権を証示するために、厳粛な戴冠式が行われたと思われる。フリウリのベレンガリウス一世の八八八年の戴冠はその頂点であった。『ベレンガリウスの事蹟』*Gesta Berengarii* は、かれはパヴィアで戴冠したと伝えている。これにより先例が生じた。

オットー大帝とともにドイツ—イタリアは新しい関係に入る。この皇帝の帝国は、のちに神聖ローマ帝国とよばれるようになり、イタリアはこの帝国との関係にくみこまれる。かれは九五一年、パヴィアに入城し、〈rex Langobardorum ランゴバルド国王〉の称号を布告したが、その戴冠については知られていない。オットー二世、オットー三世のイタリアの戴冠についても、同時代の資料はまったく存在しない。

ハインリッヒ二世は、ドイツ国王として一〇〇四年にパヴィアで戴冠し、イタリアにおける権利を表現したおそらく最初の事例とおもわれる。当時はドイツ国王・皇帝のイタリアにおける権利は当然のこととされた。アーヘンにおけるドイツ国王の戴冠はおのずからイタリアにおける支配権を含むもので、ハインリッヒ三世、ハインリッヒ四世は、ただアーヘンで戴冠しているだけである。

モンツァでの最初の戴冠は、一一二八年の、コンラート三世のそれである。かれは、対立国王ロタールに対抗するために、戴冠式を実施したのである。

フリードリッヒ・バルバロッサがパヴィアで、またその子息ハインリッヒ六世が一一八六年ミラノで戴冠したのは、フライジング大司教オットーによれば、一一二八年のモンツァの戴冠の伝統によるとするが、それは二つの事実で確認される。その第一はバルバロッサが一一五九年にモンツァに交付した特権で、「caput Lombardiae et sedes regni illius, in qua etiam nostri antecessores de iure regni coronari consueverunt ロンバルディアの主都であり皇帝の居住地であり、われわれの前任者が合法的に戴冠したところである」とされることであり、第二はモンツァの大聖堂は過去のランゴバルド国王の、すなわちアギルルフとテオドリンダの墓所であることによる。

フリードリッヒ二世の死にはじまる皇帝空位時代は、イタリアでの皇帝の戴冠は、まったく知られない。イタリアの国王は、過去において、なんらかの鉄の冠で戴冠しなければならないとする伝承は、この十三世紀後半にはすでに北イタリアに普及していて、つぎの世紀、ハインリッヒ七世の時代には形式的伝統になった。

この〈鉄の冠 corona ferrea〉という伝承はどのように成立したのか。われわれはすでに、モンツァ市がロンバルディアの戴冠都市であるという伝承が、一一二八年のコンラート三世の戴冠によって確認されたのをみた。そしてこの十三世紀後半に、突然、新しい要素として、鉄の冠がランゴバルド国王の支配権の象徴だとする概念《コンセプト》が成立するのである。

このはじめからまったく具体性のない架空の鉄の冠についての最初の言及は、一二六〇年から一二六二年の成立とされるパドゥアのロランディヌスの書にある、「合法的に選出されたローマ皇帝は、ドイツ国王に選出された後、ここ（モンツァ）で最初に鉄の冠によって戴冠する Romanorum imperator electus legitine, post electionem de se factum in regem Alemannorum hic (Modicia) idem corona illa ferrea primitus coronetur」との一節であるという。

また一三〇一年より一三〇三年のドミニコ会修道士トロメオ・デ・ルッカの書は、聖トマス・アクィナスの『君主鑑』をさらに進めて「このモンツァとよばれる所にはランゴバルドの国王が埋葬されており、……鉄の冠ということがいわれている In villa quae dicitur Modoetia ubi sepulti sunt reges Langobardum …

quae quidem corona ferrea dicitur esse」として、この冠は鉄だとしているのである！　これには当時流行したシャルルマーニュ伝説の〈鉄のシャルル〉の物語の影響があるとされる。しかしほぼこれと同じ時代の、一二七五年のモンツァの財宝室の資財目録には、まだ鉄の冠ということについての言及はない。

　このように十三世紀には、現在のモンツァ鉄冠とはまったく別途に、ロンバルディアの鉄の王冠という伝説が成立し、それはイタリア国王の戴冠に用いられるとした。

　同時にまた文書資料として、いわゆる三冠戴冠説話があらわれた。マテウス・パリスの年代記、すなわち一二六〇年直前に成立した『イングランド史』*Historia Anglorum* は、フリードリッヒ二世の葬儀について、ローマ（ドイツ）皇帝は三つの冠で戴冠する、すなわち金の冠でローマ皇帝に、銀の冠でドイツ国王に、鉄の冠でイタリア国王に、と記し、さらにオットー四世の皇帝印章にはこの三冠が記されているとした。さらにこの思想がひろく一般に普及したのは、一三〇〇年ごろ成立したヤコブス・ヴォラギネの『黄金伝説』によるところが大きいとされる。それによれば、金の戴冠はローマで、銀はアーヘンで、鉄はモンツァで行われるという。

　十四世紀初頭、ハインリッヒ七世（在位一三〇八―一三一三）ははじめてロンバルディアの戴冠に新しい時期を画した。ハインリッヒは一三一〇年北イタリアに入り、ギベリーニによって熱狂的に歓迎された。この皇帝は、ドイツ国王の権威をイタリアで再現することを意図し、ロンバルディアの鉄冠による戴冠を行った。

　ハインリッヒ七世は、まさしくこの〈鉄の冠〉によって戴冠することを望んだ。かれは使者をモンツァに派遣してこれを探し、大聖堂参事会員にこれについての情報を求めたが、もともと概念だけしかなかったのだから、当然のことながらどこにも見いだすことはできなかった。

それゆえにハインリッヒは、伝承の伝統を確保するために、金細工匠ランド・ダ・セニス（シェナ）に命じて、新規に月桂樹と真珠と宝石で飾られた鋼鉄の鉄冠を作らせた。このようにして架空の物語は現実の歴史になったのである。

この新規の鉄の冠については、ジョヴァンニ・ヴィラーニがその年代記で、「E di fino acciaio ... fatta a forma d'una ghirlanda d'alloro ivi su chiavate ricche pietre preziose ... それは純鋼でできていて月桂冠の形で多くの宝石がついている」としている。

このようにハインリッヒ七世は、素材においても装飾においても、今日のモンツァ鉄冠とはまったく違う支配標章によって、ミラノで戴冠した。

かれにつづく皇帝、すなわちルートヴィッヒ四世・デア・バイエル（一三二七年）とカール四世（一三五四年）のミラノでの戴冠は、まず確実にこの鉄製のハインリッヒ冠によったものと思われる。

つぎのジギスムントもまたこの冠で戴冠しているが、このハインリッヒ冠は、ジギスムントによってミラノの聖アンブロシウス聖堂に奉納され、この戴冠式の後はもはや見えなくなった。

総括していえば、ハインリッヒ七世以前には、すでに伝承のロンバルディア冠が知られていたが、それがなにを指すのかはなに人も判らなかった。ハインリッヒ七世のロンバルディア戴冠においては、特定された実物である〈laurea ferrea 鉄の月桂冠〉がつくられ、以来イタリア国王はこの冠で戴冠した。このようにして鉄の冠の伝説は、一つの具体的な鉄の冠として実現した。しかしこれは、現在のモンツァ鉄冠ではない。

現在のモンツァ鉄冠を最初に特定する文献は、一三五三年のモンツァ財宝室の資財目録で、これには以下のように記されている。「Item una alia corona auri cum uno circulo ferri et cum quindecim lapidibus pretiosis intus　また別の金の冠は、鉄の輪があり、十五の宝石が付いている」。しかし、これが、ロンバルディアの王冠であるとは、この資財目録はまったく語っていない。一二七五年の資財目録はベレンガリウス十字架を〈crux regni　王国十字架〉とよびイタリアの支配権の象徴としているにもかかわらずである。また一三九六年にもこのモンツァ冠は、伝承上のロンバルディアの鉄冠とはされていない。この年には、マテオ・ダ・カンピオーネによる国王戴冠を表示した浮彫板が成立し、モンツァ大聖堂の説教壇を飾っている。現在では袖廊南側の壁面に固定されているが、その中央にはモンツァの主司祭が立って、座した国王の頭上に明白にそれとわかる百合花冠を置いている。またこれと似た四つの百合花冠が、左隅の祭壇上にもかかっている。これらの冠はその形の上から、まったく現在のモンツァ鉄冠ではない。

十五世紀中期、アエネアス・シルヴィウス・ピッコロミニ、すなわち後の法王ピウス二世は、その著『フリードリッヒ三世の事蹟』*Historia rerum Frederici III imperatoris* の中で、はじめて、伝承の鉄の冠が現在のモンツァ鉄冠であるとされているのを指摘した。かれは皇帝の三種の戴冠について記し、イタリアの鉄冠について以下のように記している。「Has tres coronas omnes aureas esse compertum habeo, quamvis per

イタリア王の戴冠
マテオ・ダ・カンピオーネによる浮彫板、14世紀、モンツァ大聖堂

medium circulum coronae Mediolanensis　これら三つの冠は金製だが、ミラノ（モンツァ）の冠についてみるかぎり」、「lamina quaedam parvula ex ferro ducatur, quae stultae interpretationi effecit locum　この冠の中には小さな鉄の輪が見られ、これによってこの冠のばかげた解釈が生まれた」。すなわち、ミラノ（モンツァ）冠は他の冠同様に黄金製だが、内部に鉄の輪が巡っていてこれが鉄冠という〈ばかげたstultus〉表現になったというのである。

R・エルツェは、ここに伝説上の鉄の冠がはじめて現在のモンツァ鉄冠であるとされるようになったことを指摘して、この付会を批判した（一九五五年）。

いまや伝承上のロンバルディア鉄冠と見なされることになったこのモンツァ鉄冠によって、実際に戴冠した最初で最後のローマ皇帝でありイタリア国王は、カール五世であった。この戴冠式は一五三〇年、ボローニャの聖ペトロニウス聖堂で、法王クレメンス七世によって行われた。

この皇帝戴冠式の二日前に行われたイタリア国王冠戴冠式について、式部官ビアジオ・ダ・チェセナは「Imperator qui iam in Germania primam coronam ... sumpserat, vellet secundam coronam quae ferrea dicitur capere　皇帝はすでにドイツで第一の冠を受け、第二の鉄製といわれる冠を受けようとした」と記している。この冠自体はあきらかに現在のモンツァ鉄冠と想定され、「Corona, quae dicitur ferrea licet sit ex auro et argento, ac multis margaritis ornata　これは鉄冠といわれ、金銀と多数の真珠で飾られている」、「Haec corona ut habeatur aliqualiter eius cognitio et eius formae, circularis et latitudine 4 digitorum est vix coronam unius episcopi circuiens, nec capiti firmare poterat ... erat sine florentibus pinnis in simplicem et latum orbem circumducta, ferro introrsus tempora praecingenta, sed exteris auro et gemmis exornata　この冠の内容と形式を示すと、環形で、幅は指四本、大きさは司教の冠毛《トンスラ》ほどで、ようやく頭上に置かれる程度であり、フィレンツェ式の破風飾りはなく単純な幅広の冠帯により、内部は鉄が巡り、外部は金と宝石で飾られている」としている。このようにこの記録者は、現在のモンツァ鉄冠が最初に使用されるのをみて、それがあまりに小さくようやく頭上に戴せられるのに注目している。「accipe coronam　冠を受けよ」の言葉につづいて、法王は四名の助手とともにモンツァ冠をカール五世の頭上に置き、まさしくこれがドイツ国王のロンバルディア支配に対する伝統的なランゴバルドの標章であることを全面的に意識していた。これは一五三〇年のことであった。

総括していえば、資料では、はじめは一般にただロンバルディア冠という言及があった。それが十三世紀後半にロンバルディアの〈鉄の冠〉といわれるようになった。しかしハインリッヒ七世の戴冠にいたるまで、この名称に相当する特定の対象物は存在しなかった。ハインリッヒは自分の王冠を鋼鉄でつくらせ、自らとその直接の後継者はこれによった。この鋼鉄の王冠は、なに一つ残っていない。さらに文献が、ロンバルディア鉄冠が現在のモンツァ鉄冠のことであると特定したのは、十五世紀中期である。

このモンツァ鉄冠はカール五世の戴冠の際に、はじめて支配権の象徴として使用された。このとき以来、鉄冠とは、現在のモンツァ鉄冠を指すことになった。しかしカール五世の死後ロンバルディアはスペインに属し、皇帝はもはや、イタリアの戴冠儀礼に従うためにアルプスを越えることはなくなった。

一八〇五年、ミラノ大聖堂でこのモンツァ鉄冠によってイタリア国王として戴冠した第二の支配者は、ナポレオン一世であった。

モンツァの代表の一人、聖堂参事会員カステルフラノによれば、「かれはこの王冠を自ら頭上に掲げ、長い間この王冠を眺め、ついでこれを頭上に載せ、さらにこれを外した後これに接吻し、神はこれをわれに与えたもうた、これに触れる者からまもれ Dieu me l'a donné, garde à qui la touchera ! といわれた」という。

この厳粛な動作が示す思想によって、ナポレオンは鉄冠騎士団を設立し、ついでウィーン会議の後、オーストリア皇帝フランツ一世は、ロンバルディア王国とヴェネチアを受領し、一八一六年、この騎士団を

モンツァ鉄冠を戴くナポレオン1世
1805年、モンツァ大聖堂

再設した。

モンツァ大聖堂財宝室には、薄絹に描かれた絵がのこっている。それはナポレオンがモンツァ鉄冠を着けているものである。これは若いイタリアの画家ジョヴァンニ・ボシシオによるもので、ジョセフィーヌ帝妃に手紙とともに捧げられたものである。興味ぶかいのはこの王冠が皇帝の額深く被られていることである。これはおそらく事実を描いたものではあるまい。

一八三八年、オーストリア皇帝フェルディナンド一世がミラノで戴冠したとき、この鉄冠は国王標章として三度目の機会をえた。それはハプスブルクによるロンバルディア＝ヴェネチア王国の厳粛な儀礼であり、モンツァ鉄冠が戴冠儀礼にもちいられるのは、これが最後であった。これは、一八六六年までここに保管され、ついで皇帝によってわかいイタリア王国に譲渡された。

サヴォイア王家はモンツァ鉄冠で戴冠することはなかった。これは三世紀間、華麗な王国の儀礼に用いられた後、イタリア国王の葬礼に用いられるようになった。この新しい王家は、このふるい伝統に別の役割をあたえたのである。

一八七八年、この鉄冠はヴィットーリオ・インマヌエーレ二世の柩の上に置かれ、一九〇〇年には、モンツァで暗殺されたウンベルト一世の柩の上に置かれた。葬列には葬儀委員長がこの鉄冠を捧げ、柩の後にモンツァ市の高官が従った。モンツァ市の誇り高い過去は、はからずもここで死んだ国王の柩を先導したのである。

またこの鉄冠の青銅の模像は、ローマのパンテオンのヴィットーリオ・インマヌエーレ二世の墓を飾っている。

モンツァの王冠については伝承と現実が結びついている。はじめに伝承があって、後にこれに、豪華華麗なそして伝承以上にさかのぼる年代の別途の具体物が、それであるとして特定されたのである。[1]

（1） M. v. Bárány-Oberschall, 1966.

五　聖遺物としての鉄冠

伝承によれば、モンツァの鉄冠の内面に認められる細い鉄環は、キリストの十字架の釘である。このように聖釘と特定の王冠を結びつけることはふるくからあり、このモンツァの鉄冠の場合も例外ではない。テオドシウス皇帝の死去にさいして、聖アンブロシウスは、三九五年にミラノにおいて長い談話を残している。これによれば聖ヘレーナは、十字架を発見したのち、ひとつの釘で馬勒《くつばみ》を、また別のひとつで王冠をつくらせ、子息コンスタンティヌスに贈ったという。「… de uno clavo frenos fieri praecepit, de altero diadema intexuit … misit itaque filio suo Constantino diadema gemmis insignitum … misit et frenum. Utroque usus est Constantinus　一つの釘で馬勒を作り、他の一つで王冠をつくり宝石で装飾して子のコンスタンティヌスに贈り、また馬勒を贈った。この二つはコンスタンティヌスによって用いられた」。

一方また、大法王グレゴリウス（在位五九〇—六〇四）は皇帝ティベリウス・アウグストゥスをビザンツに訪問し、聖遺物をふくむ贈物をうけ、ローマに帰還したことが知られている。

法王グレゴリウスがこのとき、聖釘をとり入れたこの王冠を、精神的息女であるランゴバルド王妃テオドリンダ（五七〇頃—六二七）に、ほかの宝物とともに贈ったことは、十分考えられる。法王が王妃に贈与

テオドリンダの福音書
装丁板
7世紀初頭
モンツァ大聖堂
グレゴリウス1世が贈った宝物の1つとされる

を行ったことについては、公認の基本資料により裏づけられるからである。伝承はさらに、この聖釘のある王冠は、他の宝物とともに、かの女がモンツァに設立したサン・ジョヴァンニ・バッティスタ大聖堂に寄進されたとする。モンツァの鉄冠と聖釘とみなされるコンスタンティヌス冠とをつなぐこの一連の仮説には、論理的一貫性がみとめられる。

中世においては、キリストの聖遺物は高く崇められ、聖者の聖遺物より以上に高く希求されていた。もしこのモンツァの聖遺物についてのすべての資料がこのことを知っていたとすれば、それはかならず言及されていたはずである。この聖釘についての沈黙は、十七世紀のモンツァの歴史家ルドヴィコ・アントニオ・ムラトリの当然の疑惑をよび、聖釘は元来モンツァには来なかったのではないか、との問いが投げかけられた。

一五三〇年のカール五世の戴冠のときにも、このモンツァ鉄冠の内部の鉄環がキリストの聖釘であることは知られていない。このとき初めてイタリア国王の頭上を飾った冠について、その戴冠式部官が詳細に記しているにもかかわらずである。

そして、この式典以来、このモンツァ冠——すでにロンバルディア鉄冠とされている——の支配権の象徴としての意味は漸次背後にしりぞき、聖遺物として文芸に、また国民の宗教的意識に大きく浮上するのである。

これは何によるものだろうか。

この当時、すなわち十六世紀の第三・四半期の資料はモンツァ冠のなかの鉄環を聖釘と特定している。以来、次第にこの「聖遺物を内秘する」黄金冠についての記録が増加する。

重要なのは、モンツァ資財記録の一五四八年のそれと一五八二年のそれには聖釘聖遺物についての言及がなく、一五九〇年に初めて鉄冠との関連性が語られる、ということである。

それは「... circulus ferreus quem aiunt constructum ex uno clavorum Domini ... この鉄環は主の十字架の釘で作られているとされる」という、まことに慎重な表現である。

さらに聖カルロ・ボロメオ（一五三八—八四）は、ミラノの住民に対してモンツァに巡礼し、みずからがしたように聖遺物を崇拝するよう求め、かれの甥の枢機卿フェデリゴ・ボロメオ（一五六四—一六三一）は、一六三一年この聖釘を認定し、この公式の崇拝を認可した。

このように、ロンバルディア鉄冠についての伝承と、コンスタンティヌスに由来し、聖釘を内秘する王冠という伝承とは、まったく無関係なのである。ロンバルディア鉄冠という概念は十五世紀中期に具体化した。この時点においては現在のモンツァ鉄冠がそれであるとして特定されたのであるが、これが信仰者の間で聖遺物として意識されたのはさらにほぼ一世紀後である。

この聖遺物崇拝は十六世紀末期にはじまった。

これはまた同時にこの聖遺物の真正性についての論争のはじまりであった。

一六〇九年、バルトロメオ・ツッキはモンツァ冠の聖釘伝説の普及のためのまったく非科学的で間違いだらけの作業をしたが[1]、その後、一六九八年、L・A・ムラトリは厳密な学術的研究にもとづきこの鉄冠崇拝を批判して、その聖遺物性にきびしい疑惑の眼を向けた[2]。現在の学術的見解はムラトリの批判とおなじ立場にたつものだが、十七世紀から十八世紀にかけては賛否はげしい論争があった。

一方、聖遺物性を信じたいモンツァの住民は、ユストゥス・フォンタニーニの作業にその弁護を見いだした[3]。その学位論文は一七一七年にあらわれたが、かれはムラトリとは反対に、モンツァ冠についての伝承と聖遺物の真正性を証明しようとした。

ヴァティカンの典礼聖務省はフォンタニーニの作業を支持して、一七一七年の会議でモンツァ鉄冠の聖遺物としての崇拝を公認した。これは今日も継続し、九月の第一日曜日にミサが行われる。この日、モンツァ冠は行列行進礼によって市中を捧持され、そのとき以外は祭壇に安置されているのである。このようにして、この〈rex totius Italiae 全イタリアの国王〉の象徴は公認の聖遺物になったのである。

このロンバルディア鉄冠のもつ聖遺物としての真正性については、A・クレーナーの「この冠の鉄環がコンスタンティヌスにさかのぼりうること、またこれが聖釘でつくられたという可能性はア・プリオリに否定さるべきではないが、この冠の聖釘としての真正性については疑惑としておくのが適切だろう」（一九〇一年）[4]というのがもっとも妥当な見解だろう[5]。

（1）B. Zucchi, 1707.　（2）L. A. Muratori, 1698.　（3）G. Fontanini, 1717.　（4）A. Kroener, 1901.

（5）M. v. Bárány-Oberschall, 1966.

六　王妃テオドリンダ

テオドリンダ（五七〇頃―六二七）はバユヴァールン（バイエルン）の王女としてまたランゴバルドの王妃として、中世初期の動乱の時代を生きた。

六世紀後半から七世紀への変わり目は、古代の終末と中世の開始の時代であった。それは西ローマ帝国の大がかりな神々の黄昏であり、民族移動の火焔の中で、それはまたあたらしいキリスト教的中世の開始でもあった。

テオドリンダは、バイエルンの君主のガリバルドとランゴバルドの王女ワルトラダの息女として、レーゲンスブルクで誕生した。

その最初の夫は、ランゴバルド王のアウタリであり、五八九年の結婚ののち、王に従ってその故国へ赴いたが、ほどなくして死別する（五九〇年）。

その第二の夫、トリノ伯アギルルフは、かの女自らが選んだもので、夫の傍らでさらにその死後（六一五／六年没）は単独で、尊敬され愛された女性支配者として、ほぼ三十五年、ランゴバルド族を支配した。

その人間像と事績は、カロリング時代のパウルス・ディアコヌスの年代記『ランゴバルドの事蹟』*De*

Gestis Langobardorum で知られている。

それによれば、かの女はきわめて美しく聡明な支配者で、その夫と民衆に強い影響を及ぼしたとされる。かの女は、ガラ・プラキディア、皇帝ハインリッヒ六世の帝妃コンスタンツァ、トスカナのマティルダなどと並び称される中世の偉大な女性の一人で、宗教的情熱と政治的聡明と行政的手腕をかねそなえていた。その内面的な宗教的感情による大法王グレゴリウスとの親交は、よく知られた歴史的事実である。法王がテオドリンダに送った手紙はいくつか現存し、また法王がその有名な対話の冊子をモンツァへ贈ったことも知られている。

王妃は、アリウス派のランゴバルドの中で強制をともなわない伝道活動をすすめ、夫アギルルフとその部族をカトリックへ改宗させた。この大量の改宗の証言となるのは、六世紀から七世紀のランゴバルドの墓から発見された死者の衣服に縫い付けられた金の十字架で、これは美術史ではランゴバルドの黄金板十字架として知られている。

アギルルフは、テオドリンダの影響で、その反法王的政策を変えた。その功績と情熱的伝道に対して、法王は、たとえばその子アダロアルドの誕生の際の金の胸十字架と華麗な福音書など、高価な贈物をもたらした。この指導書簡と二つの芸術作品は、今日もモンツァの財宝室にみることができる。

また洗礼者ヨハネに献ぜられたモンツァ大聖堂の設立とボッビオの修道院聖堂の整備も、テオドリンダの名と結びついている。

かの女は、パヴィアとともにモンツァを第二の王都とし、この新しい大聖堂は五九五年に奉献された。

モンツァ大聖堂正面入口上部のタンパン（半月形破風）　14世紀

かの女は生涯を通じて富裕な教会の保護者であった。パウルス・ディアコヌスは、「Multisque ornamentis auri, argenti mirifice decoravit かの女は聖堂を多くの素晴らしい金銀で飾った」と記している。このテオドリンダが贈った財宝が、モンツァの財宝室の核心となるのである。

　中世のモンツァの資財目録のとくに一二七五年と一三五三年の記述には、現存する財宝のすべてが明記されている。また〈生きた資財目録〉としての、大聖堂正面入口の上部の半月形破風は興味ぶかい。これは十四世紀の第一・四半期のもので、作者は不明である。

　中央にテオドリンダが立ち、まさに一つの冠を——おそらくまさしく現在のモンツァの鉄冠を——洗礼者ヨハネに提示している。傍らにアギルルフが跪《ひざまず》き、二人の間に二人の子が立つ。とくに興味ぶかいのは、この半月形破風の両端で、左手隅には三つの冠があり、いずれも宝石の嵌め込まれた簡素な環帯冠で、いずれも中央に十字架が下がっている。プリミティーヴな手法ながら、いずれも風に揺れ

モンツァ大聖堂正面入口タンパンの拡大図
上：右半面（冠を洗礼者ヨハネにさしだすテオドリンダなど）
下：左手隅の三つの冠

るさまがしめされている。

一方、右手隅には、この財宝室に今日なお存在する銀器、雌鳥と七つのひよこ、さらにまたベレンガリウス十字架と、いわゆるサファイア聖杯が刻されている。

現在のモンツァの鉄冠は、様式的にまた技術的に中世初期の作品として現存するのであるが、ここではじめて歴史のなかに出現し、このレリーフという図像資料によって、はじめて——おそらく奉献冠として——歴史のなかに証言されるのである。

王妃テオドリンダ冠

モンツァ大聖堂財宝室にはもう一つ、ふるい冠が所蔵されている。

この宝冠は純金の冠帯からなり、高さ四・九cm、直径一八・八cmである。

上下の両縁には丸い宝石の列が走り、中間部は三分され、そこには丸い宝石と四角形の宝石――サファイア――が高い留金により交互に浮出て並ぶ。

その上下にはより小さな丸い宝石が星珊瑚状に並んでいる。

上下の丸い留金には、現在は真珠母貝が嵌められている。

本来の宝石はもはや存在せず、おそらくナポレオン時代に、モンツァからパリにもちだされたときに奪われたのだろう。

大きな宝石の三列は同軸上に並び、小さな宝石の二列も同軸上に並ぶ。

この冠には総計一八〇の宝石があったという。

これらの宝石は、腰高の留金で留められていた。

冠の上縁には三つの孔があり、おそらく鎖で吊されていたのであろう。

また下縁にはより小さな十二の孔がある。

以前は、この冠に十字架が付随していた。

この宝石のパターンは装飾的な枠取りはなく、平面に留めているだけである。

この中間の三列には、5×1のリズムが繰返されている。

王妃テオドリンダ冠　モンツァ大聖堂［→口絵40］

宝石の並び方にはX形のパターンがみえ、より大きな四角形宝石と四つのより小さな星珊瑚状の宝石がX形に並んでいるが、鉄冠と違ってそれほど明確には強調されていない。

この下縁の十二の孔には、かつて、王妃の名の最初の文字が小鎖で吊されていたことが想定され、それはフエンテ・ディ・グアラサールで発見された西ゴート王レクセヴィントス冠（二二九頁参照）のようだったろう。

王妃の名THEODOLINDAの十一の文字と、十二番目に十字架が吊されただろうというのがこの想定である。

寡黙がちのモンツァの資財目録では、このテオドリンダ冠を特定することはできない。しかしながら、〈生きた資財目録〉である大聖堂入口の半円形破風には、はっきりと刻まれている。

そこにしめされた三つの冠のうちの一つは、中間部に丸と四角の宝石が交互に記され、このテオドリンダ冠のとおりである。

このテオドリンダ冠には、二つの文化源流をたどることができよう。すなわちここには、ローマ後期の伝統と蛮族的—西ゴート的形式の結合をみることができ、それはモンツァ鉄冠で確認されたのと同様である。

このランゴバルド王妃の冠には、西ゴートの伝統が鉄冠以上に強い。この冠がテオドリンダの時代のものであることは疑いがなく、七世紀初期、ゲルマンの影響の強い北イタリアで成立したものと推定される。これは、モンツァ鉄冠より、二世紀まえのものなのである。(1)

(1) M. v. Bárány-Oberschall, 1966.

第七章

オーストリア皇帝冠（ルドルフ皇帝冠）

一　ルドルフ皇帝冠

双嘴 cornua 状の司教冠《ミトラ》型皇帝冠は、すでに十四世紀にはその存在が確認できる。しかし早い時期のこの形式の冠には現存するものはない。

皇帝ルドルフ二世（在位一五七六―一六一二）が一六〇二年、プラハのフラドシン宮殿でつくらせた皇帝冠は、現存する唯一の司教冠型皇帝冠である。

これは、代々の皇帝が戴冠式でもちいる帝国冠とは異なり、ルドルフ個人において結合したすべての君主的権威の、個人的支配権の象徴と考えられる。それは、神聖ローマ帝国皇帝とともに、ハンガリー国王、ボヘミア国王としての権威を象徴するものである。

ルドルフは、おそらく数名の指導的な金細工匠にこの計画を依頼した。

皇帝マクシミリアン一世（在位一四九三―一五一九）の司教冠型皇帝冠が模範とされ、アルブレヒト・デューラーの作品が参考にされた。マクシミリアン冠が模範とされたのは、ルドルフのデューラーに対する特別の愛好があり、とくにこのドイツ初期ルネッサンス芸術への復帰が根底にあったとおもわれる。

この司教冠型皇帝冠の三つの機能は、この双嘴部上の繊細な浮彫でしめされる。

オーストリア皇帝冠(ルドルフ皇帝冠)　ウィーン、王宮財宝室 [→口絵41]

ルドルフ皇帝冠　両側面（右図＝左側面、左図＝右側面）
双嘴部の浮彫：右図（右より）＝ブラチスラヴァでの騎乗／皇帝戴冠
左図（同）＝インペラトールとしてのルドルフ２世／プラハでの行進

その全四面のうちの三面に、ルドルフの戴冠の特徴的シーン、すなわち、フランクフルト大聖堂における皇帝位の戴冠、ハンガリー国王戴冠の象徴としてのブラチスラヴァにおける戴冠丘への騎乗、ボヘミア国王の戴冠式の一部としてのフラドシン宮殿への厳粛な行列行進礼が描かれている。この三つの情景はそれぞれこの三つの王国の紋章《ワッペン》となって、一つの冠に総合されているのである。ルドルフはこの双嘴部上の浮彫によって、ハンガリーとボヘミアの国王としても表現されたのであった。

第四の浮彫は、ルドルフ二世のトルコへの勝利を称えるものである。かれは聖油をうけた者であり、戴冠された者であるとともに、最高の将軍として、インペラトール・アウグストスでもあったのである。

皇帝はこれらの浮彫では風貌どおりにしめされている。これはこの冠が皇帝個人の標章として、すなわちかれの先行者たちがこれと似た個人標章をつく

上：
デューラーの描く
司教冠型皇帝冠
《皇帝マクシミリアンの
凱旋門》部分
1517年

下：
皇帝マクシミリアン1世の
肖像
B. シュトリーゲル画
1500年頃
ウィーン、王宮財宝室

右：オーストリア帝国笏
下：オーストリア帝国地球儀
ウィーン、王宮財宝室

らせたのとおなじ意図をもってつくられたことを意味している。これは皇帝の高尚な趣向、すなわち西ヨーロッパの重要な芸術コレクターとしてのそれによるもので、この作品には最高度の品位が求められたのである。

ルドルフの弟でその後継者であるマティアス（在位一六一二―一九）は、このルドルフ冠を自分の個人冠として保有するために、この最高度の技術に匹敵するだけの宝石と真珠に、当時としては莫大な費用を投じた。かれは宮廷金細工匠に命じて、この皇帝冠に対応するオーストリアの帝国笏と帝国地球儀をつくらせた。この帝国笏の制作は、一六一二年のマティアスの皇帝戴冠の直後から開始され、一六一五年にこの一貫して複雑な技巧にあふれた作品が完成した。帝国地球儀の完成年代は不明である。[1]

（1） H. Fillitz, 1959.

二　ルドルフ二世の神秘主義と狂気

ルドルフ二世(一五五二―一六一二)は、皇帝マクシミリアン二世の長子としてウィーンで生まれた。十一歳でスペインのフェリーペ二世の宮廷に送られ、十八歳までカトリックの厳格な教育をうけた。一五七二年ハンガリー国王、七五年ボヘミア国王、そして七六年には皇帝となり、父の遺言で上下オーストリア大公領のみを遺贈された。

かれは皇帝即位の六年後、重大な情緒障害の兆候をしめした。激昂のあとに抑鬱、恐怖、偏執、狂気がつづいた。これはかれの父方と母方の二重の曾祖母フアナ・ラ・ロカの遺伝とされる。またそれはかれの過剰な性的放縦によるともいう。

かれは国政については一瞥するだけで、数学、自然科学、芸術に興味をしめし、最初の意見に固執した。かれは天文学者ティコ・ブラーエ、ヨハネス・ケプラーを宮廷に招き、フラドシン天文台で夜どおし研究したという。ケプラーはのちに、かれにルドルフ惑星表 Tabulae Rudolphinae を献げている。

かれの芸術コレクションは、デューラーに対する愛好からもわかるように高度の趣向をしめすものだが、一方では怪奇趣味へののめりこみと、アルチンボルドをうけいれたようにおどけの傾向があった。また花

皇帝ルドルフ２世
ハンス・フォン・アーヘン画、1600年頃、ウィーン、美術史美術館

と馬に異常な興味をしめした。

かれの政治意識にはスペインでの教育によってフェリーペ二世の模範がきざみこまれ、それは具体的には、絶対君主制、集中的支配、カトリック教会の再興というかたちであらわれた。オーストリアにおいては反宗教改革を経済的圧力でおしすすめ、ボヘミアとハンガリーでは再カトリック化とドイツ化がすすめられた。

帝国の政治においてかれはおおむねカトリック側に立ったが、その統治はとくに病的疑惑がつきまとった。かれは非カトリックの進言をきくことはなく、些細なことにこだわった。かれは有能な進言者を性急な疑惑で追放した。かれは国政を数年にわたってかれの瞳孔といわれた有能な官房長官ヨハン・ポップとのみ処理したが、その施策には残酷なものが多かった。

トルコとの長期戦（一五九三―一六〇六）は、戦闘としてはおおむね失敗だったが、記念硬貨を刻出することで満足した。

一六〇五年、トランシルヴァニアで反乱が起こりハンガリー全土にひろまったが、皇帝はなすすべなく、皇弟マティアス大公は反徒と協定し、かれらの信教の自由と自治を保証した。

東方ではモハメッド三世の圧力がくわわり、一六〇六年、二十年間の休戦が締結され、トプカピ・サライははじめて皇帝を自分と対等の最高君主とみとめた。

かれはそれにもかかわらず法王とスペインの圧力で平和をやぶり、トランシルヴァニアとハンガリーはまた反乱になった。

ルドルフは即位以来くりかえし、近親、法王、選挙侯に、結婚して後継者をうることを約束したが、それはすべて実現されなかった。はじめかれはスペインの従姉妹イサベラに本気に求婚しようとしたが、フェリーペ二世はその持参金としてネーデルランドを与えることを拒否したために、不可能となった。

一六〇八年、マティアス大公はハンガリー、オーストリアの大軍をひきいてボヘミアにもどり、六月二十五日、プラハ近傍のリーベンの条約でハンガリー、モラヴィア、オーストリアをひきはなした。マティアスが引き下がるとすぐ、ボヘミアではルドルフに対する反乱がおこった。かれはボヘミアの等族に信教自由と自治を保証することによってボヘミアの王冠を維持することができた。かれはしかしこの協定をやぶり、ボヘミアはかれの甥レオポルド大公に服属させられた。結局ボヘミアはマティアスに助けをもとめ、かれを国王として戴冠した。

一六一一年、ルドルフは皇帝位のみをのこしてすべての地位を退いた。

一六一二年、かれはフラドシン宮殿で水腫で死んだ。

かれは罪となる行動をおそれる内向者であり、その無為によって罪をなしたとされる(1)。ルドルフははたしてかれみずからの意志と精神を操作し、職務を遂行し、国民の運命を決することができたのか。

その神秘性への興味と惑溺は秘密にみち危険で、暗黒の権力と交際しているかと疑われた。ルドルフは八年にわたって降神術にかかわり、賢者の石をもとめ、悪霊とかかわり、それにのめり込んでいたといわれる。かれはおおくの点で迷信と盲信にとらわれていた。

ヨハネス・ケプラーは、皇帝への心服者として、これを知っていた。この偉大な天文学者の学術的法則は現在も妥当するものであり、星のうごきは球体上の幾何学的関係で感知され、規則正しくうごき、時を刻んでいることをしめしたが、これをうごかす力は人間の認識能力を超えるものであるともした。ルドルフの神秘の暗黒世界は、かれの名をかかげたケプラーの業績によって、そのまま理性の透明な天空にかわったのである。プラハはこのとき、理性の宇宙 orbis rationis の焦点になった。

ルドルフの人格は、ハプスブルクの長年の血脈政策の宿業のようにおもわれる。

その風貌はハプスブルクの遺伝であるつきだした下顎がとくに誇張され、性的放縦にもかかわらず生涯独身でとおした君主的独善は、カトリックの固奮なまでの信仰にありながらその宗教政策政治政策の優柔不断による無為と不徹底は、そしてすべての原因である精神障害は、自閉的躁鬱となって進行した。その華麗豪快な学術芸術の愛好蒐集助成、奇怪性への偏執と惑溺もまた、すべてここから説明されよう。その狂気は必然的な結末であった[2]。

かれにとっては死は、あるいはこの宿業からの解放だったかもしれない。

三十年戦争はかれの死からしばらく後のことである。しかしその原因がかれの政策と人格に起因していることは、すべての歴史家がひとしくみとめるところである。

ルドルフ冠は、この狂気につながる宇宙観と華麗豪快な芸術愛好と芸術助成の記念碑である。

（1） G. Jaeckel, 1980.　（2） E. Fučiková, 1991.

三　オーストリア皇帝冠

ルドルフ冠は、神聖ローマ帝国の終末において光輝を放った。

一八〇四年八月十一日、神聖ローマ皇帝フランツ二世は〈オーストリア〉の世襲皇帝の称号をうけ、皇帝フランツ一世としてあたらしく設立されたオーストリア皇帝位についた。この皇帝権はハプスブルクが支配するすべての領邦に及ぶものであった。これらの領邦の特殊な性格は、これによって損なわれることがなく、またオーストリアの世襲領邦とボヘミアの支配権の神聖ローマ帝国との関係に変化をきたすものではなかった。

こうして一人の支配者の中に二つの皇帝の地位が同時に結合されるという、歴史上ただ一つの事実が起きた。すなわち、神聖ローマ帝国皇帝フランツ二世とオーストリア帝国皇帝フランツ一世が重存したのである。

この第一の皇帝位は、皇帝カール四世が金印勅書にしめしたように、選挙侯による選挙で与えられるものであった。選出された者は、ふるい尊厳をもつ帝国標章によりアーヘンの宮廷礼拝堂でまずドイツ国王として戴冠する。この戴冠都市は運用上の理由により、十六世紀以後はアーヘンから、おおむね選挙の地であるフランクフルト・アム・マインに移された。そしてフリードリッヒ三世（在位一四四〇—九三）以降は、カール五世をのぞき、法王の手によって皇帝として戴冠することがなくなり、〈選ばれたローマ皇帝〉の称号うることで満足した。この称号は一五〇八年法王ユリウス二世が国王マクシミリアン一世に与えたもので、北イタリアの政治的状況がローマ進出を不可能にしたためである。

これに対してあたらしいオーストリア皇帝権はあくまで世襲によるもので、なんらかの選挙によったりあるいは宗教的戴冠によるものではない。帝国の巨大さに対応した選挙に代わって、ここに世襲家系が優先することになったのである。

〈皇帝家〉という概念はすでに十六世紀に成立していたが、いまあたらしい側面をえて、はじめて法的に固定されたのである。この皇帝の布告はハプスブルクの主流に皇帝の称号を、すなわちフリードリッヒ三世以来ハプスブルクの選出がほとんど決定的であるという、これまで習慣的なイメージによっていた称号を、法制的に保証したのである。皇帝カール六世の死後バイエルン選挙侯がカール七世として選出され戴冠したのは例外で、ハプスブルク主流の優先性があくまでその私家権力と威信によっていたことをしめすものである。

この新規の皇帝の規定は、ナポレオン戦争下の圧迫された状況が具体的な理由であった。ナポレオンはすでに一八〇四年五月一八日、フランスにおける世襲皇帝制を設立した。このフランス〈昇格〉が、オーストリアの世襲皇帝制を誘発したのである。

ナポレオンは皇帝位の獲得とともに神聖ローマ皇帝冠の獲得を求めた。かれはいまやローマの主権者で

オーストリア皇帝フランツ1世
1832年、ウィーン、王宮財宝室［→口絵44］

あった。かれの戴冠は、ローマ法王が参加するということでは、皇帝カール五世以来最初のものであった。

かれの支配権の拡大は、数世紀をへだてた後に再度中世的普遍帝国の幻影を引き寄せたのである。かれはさらにフランス国王の伝統にしたがってみずからシャルルマーニュの後継者であることを任じ、その結果〈シャルルマーニュ冠〉を頭上に戴き、皇帝フランツ二世の皇帝位を剥奪するのを当然のこととしたのである。たとえそこまでいかなくとも、この時点においては政治的にだれがみても神聖ローマ帝国の解消以外の可能性はなかった。ナポレオンの勝利とかれの影響をうけた帝国君主たちのかれに対する共感は、帝国を壊滅の極限に追い込んでいたのである。皇帝フランツはその地位の低下に脅かされ、神聖ローマ帝国解消ののちはただのハンガリー国王ボヘミア国王オーストリア大公になるのかとみられていた。

これに対しナポレオンは、ヨーロッパの君主組織において、より以上の高い地位を要求するかにおもわれた。

一八〇四年十二月二日、ナポレオンは法王臨席のもとに華麗な衣装をつけてパリのノートルダムでフランス人民の皇帝として戴冠した。

そしてその五日後の十二月七日、ウィーンのアム・ホーフ聖堂のバルコニーからオーストリア皇帝の辞令が厳粛に宣言されたのである。

この二つの新しい皇帝制には相互の関係はまったく存在しない。

ナポレオンの度重なる攻撃に対して、ウィーンの宮廷はその都度これを退けてきた。しかしながら法王の塗油によるパリの戴冠式は、明白にウィーンの厳粛な宣言に先行したのである。

皇帝フランツは意図的に新規の戴冠を拒否し、のちにウィーン会議の時代にメッテルニッヒに強制されて、ようやくこれを実施している。一七九四年に完全な形式で塗油されて戴冠し、それが公布されているからというのが理由であった。ともあれかれはこれによってすべての意味で皇帝となり、その際のオーストリア帝国は神聖ローマ帝国からの連続性を保証するものであった。

このようにして一八〇四年から一八〇六年の神聖ローマ帝国の解消まで、すなわちこの年の八月六日の再度のウィーンのアム・ホーフ聖堂のバルコニーからの布告までに、少なくとも四つの帝国が存在した。すなわち東ローマ的ビザンツ的皇帝権の伝統をひくツァーのそれとふるい西ヨーロッパの神聖ローマ帝国、そしてそれに対抗するあたらしいフランスの帝国とあたらしいオーストリア帝国が存在したのである。

あたらしいオーストリア皇帝権はあたらしい標章を必要とした。これについて一八〇四年の紋章《ワッペン》規定は明瞭な指示をしめしている。

そこではあたらしいオーストリア皇帝権の標章としては、皇帝ルドルフ二世冠が、すなわちこのハプスブルクおよびハプスブルク=ロートリンゲンの皇帝によって二世紀間皇帝の私家冠として儀礼にまた図像に使用されてきた宝冠がえらばれた。

紋章については、この司教冠型皇帝冠に神聖ローマ帝国の双頭鷲が付加された。

こうしてルドルフ皇帝冠は、いまやオーストリア帝国冠に転用され、オーストリア皇帝権に応えるものとなったのである。(1)

（1） H. Fillitz, 1959.

四　最終末

戴冠標章の運命は、本質的に他の芸術作品のそれとは異っている。それはその芸術的動機において、高価な宝飾《ジュエリー》や貴金属品とは根本的に異っている。それはなによりも権力の象徴であり、その高価さと芸術的価値は、ひとえに帝国と支配者の栄光と偉大さを表現するものでなければならない。

この宝冠の権利上の意味は、一八〇四年の時点では十分に理解されていた。ルドルフ冠は巧妙な外交的な操作でその意味を転用され、新規の国家象徴の採用を不必要としたのである。

オーストリア帝国の標章はもはや聖なる象徴ではなく、象徴性と聖遺物性を結合するものではなくなった。このような象徴性は、ルドルフ冠には当初からまったく存在しなかった。

啓蒙主義はふるい尊厳をもつ標章の背光を奪いさった。十九世紀には帝国はまったく世俗的なものになった。神の使命はもはや宝石のなかに表現されることはなかったのである。

オーストリア皇帝フランツ一世が戴冠しなかったことには明白な意味があり、それは十分に理解される。フランツ・ヨーゼフ皇帝がすべての戴冠と登座を拒否したのは、この歴史の最後のステップをしめすものであった。

これらの歴史から明らかになるのは、このオーストリア皇帝冠が〈数ある王冠の統一者〉であるという優越した地位を失ったことである。

一九一八年灰色の十一月、第一次世界大戦は終結し、オーストリア帝国すなわち〈私家ローマ帝国〉は消滅した。

ウィンストン・チャーチルはその第一次世界大戦回顧録で記している。「(第一次世界大戦の)最大の悲劇はオーストリア＝ハンガリー帝国の完全な崩壊であり、これは神聖ローマ帝国の数百年におよぶ遺物として多数の民族の通商と安寧を共存させてきたものであった……このハプスブルク帝国の民族と領域の一つとして、独立の達成のために、かつての詩人や神学者がしめした地獄の苦悩にさらされる必要はなかったはずのものを……」。

一つの孤独な宝冠が、この私家ローマ帝国の、すなわち東西ローマ東西ヨーロッパにまたがる普遍的な皇帝理念の継承者としての、巨大な夢の象徴として残された。この巨大な夢が粉砕されなければならなかったのは歴史の宿命であり厳粛な事実である。[1]

この皇帝冠はいま、すべての象徴性と記念碑性を離脱して宏大な歴史の虚妄の空間におかれている。この皇帝冠はいま、歴史の虚妄の証言というかつてない最大の光輝をはなち、その瞬間はいまにつづいているのである。

(1) H.Fillitz, 1959.

（付）近世以降の宝冠

近世の宝冠は当然のことながら神権性の象徴は意味を失い、それに代って宝飾としての品位は高くなった。支配者君主はこれに伝統的権威をみとめそれを誇示するよりも時代のモードにあわせて新調することをもとめた。標章はジュエリー化したのである。

E・F・トワイニング『ヨーロッパ宝冠史』*A History of the Crown Jewels of Europe*（一九六〇年）は、エリザベス二世の戴冠を機に編集された、ヨーロッパの宝冠全体を総括した現代の大規模な資財目録であるが、その序論にはこのようにのべられている。

イギリスでは一六六〇年、チャールス二世の王制復古により聖エドワード王冠が再現され、低位の宝石がつけられたが、その象徴性はまったく喪われ忘却された。

一九一一年、ジョージ五世の戴冠式では、この聖エドワード王冠は宝石が高位のものに嵌めかえられ、即位の象徴としての本来の意義をとりもどした。

一九五三年のエリザベス二世の戴冠式はこの世紀最大の盛儀であった。その戴冠典礼儀式次第のすべて

大英帝国冠
ロンドン塔宝物館

聖エドワード王冠
ロンドン塔宝物館

はフィルムに採録された。

女王は伝統どおりこの聖エドワード王冠でカンタベリー大司教によって戴冠したが、慣例どおりすぐに〈大英〉帝国冠に替えた。

これは、一八三九年のヴィクトリア女王の帝国冠にならって新規につくられ、三二五〇個のダイヤモンドと歴史的宝石すなわち聖エドワード王のサファイア、黒太子のルビー、エリザベス一世のイヤリング、スチュアートのサファイア、そしてさらに額上にダイヤモンド〈第二アフリカの星〉をすえている。

黒太子ルビーは低位のバラスルビーで、十四世紀にアラブからカスティーリャ王をへて黒太子につたわったもので、またダイヤモンド〈第二アフリカの星〉カリナンは三一九カラット、〈第一〉のそれは王笏

大英帝国笏
ロンドン塔宝物館

ルイ15世冠　ルーヴル美術館

の頭部をかざる五三〇カラットで世界最大のカラット値を誇るものである。これはイギリスがボーア戦争により南アフリカを併合し植民地化した直後、一九〇五年に発見されたもので、大英帝国主義の偉大なる記念碑である。

フランスでかつて王冠をかざった著名なダイヤモンド、サンシー五五カラットは、十六世紀コンスタンティノープルで購入され、フランス、イングランドの間を流転しロシア人インド人の間をへて、一九七八年ジスカール＝デスタン大統領によってパリに帰着し、わずかにのこったルイ十五世の聖冠のフレームにつけられて、現在ルーヴルに展示されている。

あとがき

筆者が帝国冠にはじめて接したのは、一九六八年の灰色の十一月であった。灰色の霧が王宮まえのプリンツ・オイゲンの騎馬像のすぐ上までたれこめていた。

財宝室にはまったく人かげはなく、小さなスポットライトの下、黄金の冠体と宝石はにぶく光っていた。その威容と神秘感は圧倒的であった。

それはほぼ一〇〇〇年まえ、忽然として歴史のなかに出現したそのときのままの動態でそこにあった。それは出現の瞬間の光輝をとどめ、もはや想像もつかない無限の歴史をいだいて無言のままそこにあった。καιρός（時間《カイロス》）というたえまなくながれる時間を超えてながれることのない αἰών（永遠《アイオーン》）という時間、この神学化した歴史哲学が、歴史神学がそのままの姿でそこにあった。

帝国冠は、神聖ローマ帝国という八〇〇年のパラダイム化した無限の歴史空間に、みずからが主極星となってそれにつながる関連の諸冠をしたがえ、不変の星座をなしていた。

本書は、シャルルマーニュにはじまる中世のキリスト教的ヨーロッパ的規模の帝国で、十世紀のオットー一世以来ドイツ国王がその皇帝位を継承して帝国という名称と命脈を八〇〇年にわたって保持した、神聖ローマ帝国の皇帝位の象徴である帝国冠と、この帝国に所属し、あるいはこの帝国と関連した王冠の歴史物語である。

これは中世一〇〇〇年、帝国八〇〇年の歴史的宝冠のアンソロジーであり、中世の帝国という歴史空間につらなる宝冠の星座への歴史探訪である。

ここにあげた神聖ローマ帝国関連の諸冠の主要なものは、ドイツ地域、とくに近世において帝国を世襲化したオーストリア朝の保守性、後進性、退嬰性、姑息性によって保存されてきたのが実情である。

現在これらの宝冠はすべてひろく公開されていて(ボヘミア王国冠はレプリカ)、一般的な旅行案内書にさえも名称とカラー写真が掲載されている。これらと、さらにバルセローナのシチリア王冠、グラナダのカトリック両王標章をくわえれば、現存するヨーロッパの主要な〈歴史的宝冠〉は一応すべて網羅されることになる。

それ以外は、世界的に周知のもので、現在の価格にしてははるかに高価なものであっても、すべて近世のものである。

この帝国と一〇〇〇年の対立関係にあったヨーロッパの二つの大国、イングランドとフランスの王冠は、近世の清教徒革命《ピューリタン》とフランス革命ですべて喪失し、その後新しく復元された。近世の宝冠は、当然のことながら聖性、神権性の象徴はなくなり、歴史には意図的に背をむけられ、それに代わって宝石、金地の品位は高くなり、まったくジュエリー化しファッション化した。

現在第三千年紀《ミレニアム》の始めにあたって、EUの統合が強力大規模に推進されている。これはヨーロッパの本質的統合であり、一〇〇〇年規模の歴史的動向である。とくに重要なのは、これは中世から近世までつづいた帝国の事実上の本体であったドイツと、これと一貫して対立関係にあったイングランドとフランスとの完全な和解であり完全な統合であるということである。

帝国冠とこれに関連する諸冠は、いま、一〇〇〇年の歴史をもつヨーロッパ共通の歴史的芸術遺産となっている。

本書は、すでに目にしたことのある個々の実物と個々の知識の、八〇〇年の歴史空間における相互関係をしめそうとするもので、これらの宝冠の最小規模の資材目録《インヴェントリー》となり、またこれをたどる過去の歴史のヴィジュアルな旅行案内書となることをねがうものである。

この宝冠を中心にした戴冠標章、国家象徴の問題は、基本的には美術史の一分野であり、イコノグラフィー、イコノロジーの拡張した適用ということになるが、これは象徴性の内容である聖性、神権性という宗教的意味と、記念碑性の背景にいる支配者君主の政治的意味が過度に大きく、またこの過去の宝冠というもの自体は〈微妙さ〉をいだいたまま、あるいは〈改造〉によってあるいは〈差替え〉によって事実として歴史のなかに定着し生き延び光輝をはなってきたもので、それなりの配慮と批判が必要であり、またここに神秘な興味が生まれるのである。

この宝冠と標章についての研究は、事実上二十世紀になって、さらに第二次大戦後はじめて学術的に整備されたのである。

帝国財宝 Reichskleinodien は一九三八年、ドイツ・オーストリアの合邦 Anschluß によってニュールンベルクにもちだされ、ウィーンの財宝室は閉鎖された。

一九四五年、これらはアメリカ軍によって回収され、四六年、第二次大戦のなかを生きのびて無きずでウィーンに帰着した。

一九五四年、財宝室は再開され、ヨーゼフ二世以来はじめて、世俗財宝と教会財宝が綜合された。

これとほぼ時をおなじくして、P・E・シュラムによる全三巻からなる大規模な編著書『支配権標章と国家象徴』 *Herrschaftszeichen und Staatssymbolik*（一九五四―五六年）が戦後の荒廃と悪条件のなかで刊行された。

これはドイツ中世研究所 Deutsche Institut für Forschung des Mittelalters の『歴史研究叢書』 *Schriften der Monumenta Germaniae historica* の第十三巻をなすもので、大学、研究所、美術博物館の、歴史、美術史の専門的研究者の研究を綜合したものである。

このシュラムの書は中世初期から近世におよぶ全ヨーロッパの支配権象徴を通観するもので、かれみずからこれは中世標章全書 Corpus regalitatis medii aevi を志向するものであるとのべている。かれはその序章で、この問題についての研究の方法論として三つのルート Wege、

一　現存する記念碑《モニュメント》（実物）と喪失したそれの図像と記録の蒐集
二　文書証言として戴冠典礼書、戴冠式次第《プログラム》のよみこみ
三　図像証言として美術作品、支配者君主の印璽、鋳出発行したコイン

をあげ、さらに中世芸術のもつ、現実の記録記述とは意図的に背反する特定の形式が反復されること、すなわち現実の〈写実〉とそれとは反対の意図的〈形式化〉をあげ、とくに中世キリスト教的支配者君主の自己表現が古代的威厳の形式 Majestätsformeln と神のまえでのキリスト者としての敬虔の形式 Devotions-formeln として一貫してしめされるとし、さらに中世の文芸作品による言及に着目することをあげている。

この編著書ではヨーロッパの支配標章について、とくに個々の宝冠について、戦前からの研究者が担当し、

総括、方法論：P・E・シュラム（ゲッティンゲン）
帝国冠：H・デッカー＝ハウフ（シュトゥットガルト国立文書館、ウィーン大学）

ステファン冠：A・ベックラー（バイエルン国立図書館）
中世女性冠：J・デール（ベルン、ブダペスト大学）
鉄冠：R・エルツェ（ボン大学歴史学科）

これらが原点となって現在の研究におよんでいる。

これらは、それぞれの宝冠についての現在の図像解釈、歴史解釈の出発点となるもので、この学術の創成期とでもいうべきかまた当時の学術一般の傾向を反映してか、豪快なまた精彩な解釈がみられ、のちの研究者につよい印象をのこしている。

このあと五〇年代末からおなじ文脈で『オーストリア朝の宝冠』*Kronen des Hauses Österreich* という宝冠別のモノグラフィー叢書が、歴史美術愛好者への解説書として刊行された。

本書はこの叢書に依拠して、その後の研究を加算して、現在の時点での展望解説をしめすものである。最近の研究としてとくに注目すべきものは、ロンバルディア鉄冠についての新旧の主要な研究を集成した、大型版の図版入りの編著、

Societa di Studi Monzesi : *The Iron Crown and Imperial Europe*, 1995.

である。同書に収められた論考 T. Mannoni : *What the Scientific Investigations tell us about the Date of the Crown.*

は、新規の同位元素《アイソトープ》による時代測定で、鉄冠に付着していた漆喰の小片から五―六世紀という日時をしめしている。

本書は、これらの研究の紹介解説というべきもので、こうした解説書は、本来ヨーロッパで刊行されるべきものだろう。

しかしながら現在まで、宝冠宝飾を並列的にあつかった資材目録やグラフィティの刊行例はあるものの、その内容と相互の関連性にまで立ち入ったものは事実上皆無である。

これは前述のように、扱う主要対象がドイツ文化圏にかぎられていること、またいかにヨーロッパの統合が推進されているとはいえ、神聖ローマ帝国という過去のイメージがまたそのコンセプトが、あまりにも当然ではあるが、現在においてもなお無色透明なものになりえないという実情があるのだろう。

本書の記述は、このような意味で、各主題章節ごとに文献資料を直接に表示することにつとめた。各節の引用表示の末尾のものは、その節全体の主題に関する文献資料を表示するものとご理解いただきたい。

本書が実現できたのはひとえに八坂書房社主八坂立人氏のご理解による。また担当してくださった八尾睦巳氏の編集者の次元をこえてのご知識とご尽力による。お二人のご厚意にふかく感謝申し上げるものである。

また私事についてのべるのを許していただければ、絶望的心情をとにかくささえてくれて三年前逝去した母への追憶と感謝をあらたにするとともに、ながく筆者を支持してくださっている嘉村信子さん、資料収集にご助力いただいた渡辺順子さん、新納敦子さんにこの場をかりてあつくお礼申し上げたい。

そしてなによりも、無限のご恩をいただきいまなお思慕してやまないハンス・ゼードルマイヤー先生のご霊前にこの小著をお供えすることをお許しいただきたいというのが、筆者の究極の希いである。

二〇〇八年九月

著者

参考文献

全般

Schramm, P. E. (Hrsg.): Herrschaftszeichen und Staatssymbolik, I-III. Schriften der Monumenta Germaniae historica 13. Stuttgart 1954-56. [HEZ]

Twining, E. F.: A History of the Crown Jewels of Europe. London 1960.

Biehn, H.: Alle Kronen dieser Welt. München 1974.

Michel de Grèce : Joyaux des couronnes d'Europe. Paris 1983.

Heer, F. : Das Heilige Römische Reich. Bern 1967.

Maurois, A. : Histoire de l'Allemagne. Paris 1965.

Jaeckel, G. / Kugler, G. J. :Die Deutschen Kaiser. Oldenburg 1980.

序章／第1章

Albertus Magnus : Opera omnia V. Paris 1890.

Bock, F. : Die Kleinodien des Heiligen-römischen Reiches Deutscher Nation. Wien 1864.

Bühler, A. : Reichskleinodiengeschichte im Überblick. Karlsruhe 1953.

Decker-Hauff, H. : Die »Reichskrone«, angefertigt für Kaiser Otto I. In : HEZ II, 1955.

Deèr, J. : Die abendländische Kaiserkrone des Hochmittelalters. In: Schweizer Beiträge zur Allgemeinen Geschichte, Bd. 7, 1949.

Deèr, J. : Kaiser Otto der Große und die Reichskrone. In : Beiträge zur Kunstgeschichte und Archäologie des Frühmittelalters, 1962.

Elbern, V. H. : Die Ottonische Kaiser und ihre Epoche. In : Die bildende Kunst des frühmittelalterlichen Imperiums. Baden-Baden 1968.

Falke, O. v. : Der Mainzer Goldschmuck der kaiserin Gisela. Berlin 1913.

Fillitz, H. : Studien zur Römischen Reichskrone. In : Jahrbuch der Kunsthistorischen Sammlungen in Wien, 50. Bd. Wien 1953.

Fillitz, H. : Die Insignien und Kleinodien des Heiligen Römischen Reiches. Wien-München 1954.

Fillitz, H. : Die Krone des Heiligen Römischen Reiches. Zur Rekonstruktion der ursprünglichen Form. In: Studien zur Buchmalerei und Goldschmiedekunst des Mittelalters. Festschrift K. H. Usener. Marburg 1967.

Fillitz, H. : Die Schatzkammer in Wien. Symbole abendländischen Kaisertums. Salzburg 1986.

Grassi, E. : Die Zeitalter der Ottonen. In : H. Jantzen, Ottonische Kunst. München 1947.

Gregorovius, F. : Geschichte der Stadt Rom im Mittelalter. 1859-72. [Neudruck.: München 1978]

Jantzen, H. : Ottonische Kunst. München 1947.
Kubin, E. : Die Reichskleinodien. Ihr tausendjähriger Weg. Wien-München 1991.
Kugler, G. J. : Die Reichskrone. Die Kronen des Hauses Österreich, Bd. V. Wien-München 1968.
Leithe-Jasper, M. / Distelberger, R. : The Kunsthistorisches Museum Vienna. The Imperial and Ecclesiastical Treasury. London 1998.
Schramm, P. E. : Die Kronen des frühen Mittelalters. In: HEZ II, 1955.
Schramm, P. E. : Der »Waise« in der Wienerkrone. In : HEZ III, 1956.
Schulze-Dörrlamm, M. : Die Kaiserkrone Konrads II. (1024-1039). Eine archäologische Untersuchung zu Alter und Herkunft der Reichskrone. Sigmaringen 1991.
Sovinski, B. : Herzog Ernst. Die älteste Überarbeitung des niederrheinischen Gedichtes. Stuttgart 1970.
Sprater, F. : Reichskleinodien in der Pfalz. Ludwigshafen 1942.
Staats, R. : Theologie der Reichskrone. Ottonische »Renovatio imperii« im Spiegel einer Insigne. Monographien zur Geschichte der Mittelalters XV. Stuttgart 1976.
Staats, R. : Die Reichskrone. Geschichte und Bedeutung eines europäischen Symbols. Kiel 1991.
Stapf, P. : Walter von der Vogelweide. Sprüche - Lieder - Der Leich. Berlin 1955.
Trnek, H. : Die Reichskrone. In : Weltliche und Geistliche Schatzkammer. Bildführer des Kunsthistorischen Museums Wien. Salzburg-Wien 1987.
Weixlgärtner, A. : Die Weltliche Schatzkammer in Wien. Wien 1926.
Wolf, G. : Die Wiener Reichskrone. Schriften des Kunsthistorischen Museums. Wien 1995.

第2章

Seibt, F. (Hrsg.): Kaiser Karl IV. Staatsmann und Mäzen. München 1978. ［KIVSM］
Grimme, E. G. : Goldschmiedekunst im Mittelalter. Form und Bedeutung des Reliquiars von 800 bis 1500. Köln 1972.
Habsburg, Otto von : Karl IV. Ein Europäischer Friedensfürst. Wien-München 1978.
Hilger, H. P. : Der Weg nach Aachen. In : KIVSM, 1978.
Hilsch, P. : Die Kronung Karls IV. In : KIVSM, 1978.
Müller, K. : Die Goldene Bulle. Nach König Wenzels Prachthandschrift. Dortmund 1978.
Müller, K. (Übers.) : Die Goldene Bulle Kaiser Karls IV. 1356. Lateinischer Text mit Übersetzung. Bern 1957.
Otavsky, K. : Die Sankt Wenzelskrone im Prager Domschatz und die Frage der Kunstauffassung am Hofe Kaiser Karls IV. Bern-Frankfurt a.M.-Wien 1992.
Schramm, P. E. : Kronen mit Reliquien - Reliquare in Kronenform - Kronen auf Kopfreliquaren. In : HEZ III, 1956.
Schwarzenberg, K. F. : Die Sankt Wenzels-Krone und die bömischen Insignien. Die Kronen des Hauses Österreich, Bd. II. Wien-München 1960.

Seibt, F. : Karl IV. Ein Kaiser in Europa 1346-1378. München 1978.

第3章

Bárány-Oberschall, M. v. : Die Sankt Stephans-Krone und die Insignien des Königreiches Ungarn. Die Kronen des Hauses Österreich, Bd. III. Wien-München 1974.

Boeckler, A. : Die »Stephanskrone«. In : HEZ III, 1956.

Bogyay, Th. : Neuere Forschungen über die Stephanskrone. München 1951.

Deér, J. : Die Stephanskrone. In : Atlantis 21. Zürich 1949.

Kelleher, P. J. : The Holy Crown of Hungary. Rome 1951.

Kovács, E. / Lovag, Z. : The Hungarian Crown and Other Regalia. Budapest 1980.

Lovag, Z. : Die ungarischen Krönungsinsignien. Budapest 1986.

Moravcsik, Gy. : The Holy Crown of Hungary in the Light of Philological and Historical Research. Budapest 1938.

Tóth, Z. : Concerning the Actual State of our Historical Research. The Question of the Origin of the Holy Crown. Budapest 1943.

第4章

Deér, J. : Der Kaiserornat Friedrichs II. Bern 1952.

Schlosser, J. v. : Die deutschen Reichskleinodien. Wien 1920.

Schramm, P. E. : Kaiser Friedrichs II. Herrschaftszeichen. In : HEZ II, 1955.

Venturi, A. : Storia dell'arte italiana, II. Milano 1902.

第5章

Schramm, P. E. : Die Kronen des frühen Mittelalters. In : HEZ II, 1955.

Schramm, P. E. : Kronen mit Reliquien - Reliquare in Kronenform - Kronen auf Kopfreliquaren. In : HEZ III, 1956. [HEZ 38]

Schramm, P. E. : Englische Frauenkronen aus dem 15. Jahrhundert, mit Ausblicken auf die Kronen, besonders die Madonnenkronen, des späten Mittelalters. In : HEZ III, 1956. [HEZ 45]

第6章

Società di Studi Monzesi : The Iron Crown and Imperial Europe, I-V. Monza 1995. [ICIE]

Bárány-Oberschall, M. v. : Die Eiserne Krone der Lombardei und der Lombardische Königsschatz. Die Kronen des Hauses Österreich, Bd. IV. Wien-München 1966.

Elbern, V. H. : Der Karolingische Goldalter von Mailand. Bonn 1952.

Elbern, V. H. : Der Adelhausener Tragaltar. In: Nachrichten ders Deutschen Institutes für Merovingische und Karolingische Kunstforschung, Erlangen 1954.

Elbern, V. H. : Die »Eiserne Krone« von Monza. Gegenstand und Technik. In : ICIE, 1995.

Erze, R. : Die Eiserne Krone von Monza. In : HEZ II, 1955.

Elze, R. : Monza und die Eiserne Krone im Mittelalter. In : ICIE, 1995.

Fontanini, G. : Dissertatio de Corona Ferrea Longobardorum. Roma 1717.

Grabar, A. : Ampoules de Terre-Sainte à Monza et Bobbio. Paris 1958.

Kroener, A. : Wahl und Krönung der deutschen Kaiser und Könige in Italien (Lombardi), Diss. phil., Freiburg i.Br. 1901.

Lipinsky, A. : Domschatz von Monza auf der Münchener Ausstellung Bayerische Frömmigkeit. In : Das Münster, München 1960.

Mannoni, T. : What the Scientific Investigations tell us about the Date of Crown. In : ICIE, 1995.

Muratori, L. A. : De Corona Ferrea quae Romanorum Imperatores in Insubribus coronari solent, Commentarius in Dissertationes Anecdota, Vol. II. Milano 1698.

Rosenberg, M. : Geschichte der Goldschmiedekunst auf technischer Grundlage, III. Zellenschmelz. Frankfurt a.M. 1922.

Zucchi, B. : Historia della Corona Ferrea che si conserva nell'insigne Basilica di San Giovanni Battista di Monza. Milano 1707.

第7章

Fičiková, E. : Die Kunst am Hofe Rudolfs II. Prag 1991.

Fillitz, H.: Die Österreichische Kaiserkrone und die Insignien des Kaisertums Österreich. Die Kronen des Hauses Österreich, Bd. I. Wien-München 1959.

[著者略歴]

渡辺 鴻（わたなべ・こう）

1930年生まれ。東京大学文学部美学美術史学科卒。

1990年まで電通在職。2005年まで複数の大学で非常勤講師（映像論、一般芸術学）。

訳書にG. ツァハリアス『バレエ　形式と象徴』（美術出版社、1965年）、W. ブラウンフェルス『西ヨーロッパの修道院建築』（鹿島出版会、1970年）がある。

[図説] 神聖ローマ帝国の宝冠

2008年 9月30日　初版第1刷発行

著　者　渡辺　鴻
発行者　八坂立人
印刷・製本　モリモト印刷(株)
発行所　(株)八坂書房
〒101-0064 東京都千代田区猿楽町1-4-11
TEL.03-3293-7975　FAX.03-3293-7977
URL.: http://www.yasakashobo.co.jp

ISBN 978-4-89694-917-9